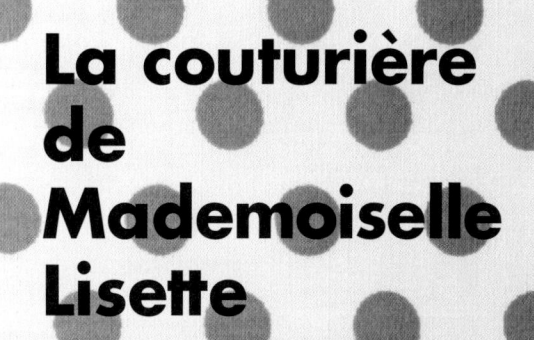

La couturière
de
Mademoiselle
Lisette

少女のためにつくる服

筑摩書房

リゼッタ少女のクチュリエにようこそ…

演奏よりもピンクのドレスのほうが気になった発表会、
おすまししてベロアのワンピースで祖父母と行ったレストラン、
妹とおそろいのサンドレスで水あそびした夏休み、
雨の日も寒い冬の日も、お出かけが楽しかったのは、
そんな時にしか着られない特別な1枚があったからかもしれません。
簡単に縫えるきんちゃく袋もちょっと難しいシャツやジャケットも
どれも自分だけのお気に入り、誇らしくもあるお母さんの手づくりです。

もくじ

- **a** リネンの下着　p.07 …… p.50
- **b** プリーツのスカート　p.08 …… p.52
- **c** レッスンバッグ　p.10 …… p.11
- **d** レインポンチョ　p.12 …… p.54
- **e** レインハット　p.12 …… p.54
- **f** サッカー地のジャケット　p.14 …… p.56
- **g** 紺のコットンパンツ　p.14 …… p.60
- **h** フレンチスリーブのブラウス　p.16 …… p.59
- **i** 肩ひものサンドレス　p.19 …… p.62
- **j** いろいろなきんちゃく　p.20 …… p.24
- **k** おやつマット　p.22 …… p.25
- **l** コーデュロイのジャンパースカート　p.26 …… p.64

m 日曜日の黒いドレス　p.28 …… p.66
n パジャマ　p.30 …… p.68
o 着せかえ人形　p.32 …… p.34
p デニムのスカート　p.36 …… p.70
q 白いシャツ　p.37 …… p.72
r ヘアバンド　p.40 …… p.63
s ウールのマント　p.42 …… p.76
t うさぎのバッグ　p.44 …… p.75
u 発表会のドレス　p.45 …… p.78

服作りを始める前に　p.47
付録 実物大パターンの使い方　p.48
上手に作るコツ　p.49

a リネンの下着

よけいなものはつけずに
肌ざわりのいい生地にこだわって。
作り方……p.50

b プリーツのスカート

定番のスカートは生地を変えると
違った表情に。
作り方 …… p.52

c レッスンバッグ

B4サイズも入る
レッスンバッグは便利。

《でき上がり寸法》
縦30×横41cm

材料
表布（厚手の綿・無地）…80cm幅70cm
別布（綿の花柄）…90cm幅70cm
ピコットつきのリボン…1cm幅43cm

作り方順序
1 持ち手を作る。
2 袋布の前面に飾り布、後ろ面にポケットをつけて1を仮止めする。
3 2を中表に二つ折りにして両脇を縫い、縫い代を割る。
4 内袋も同様に内ポケットをつけ、両脇を縫い、縫い代を割る。
5 袋布と内袋を外表に合わせて袋口を縫う。

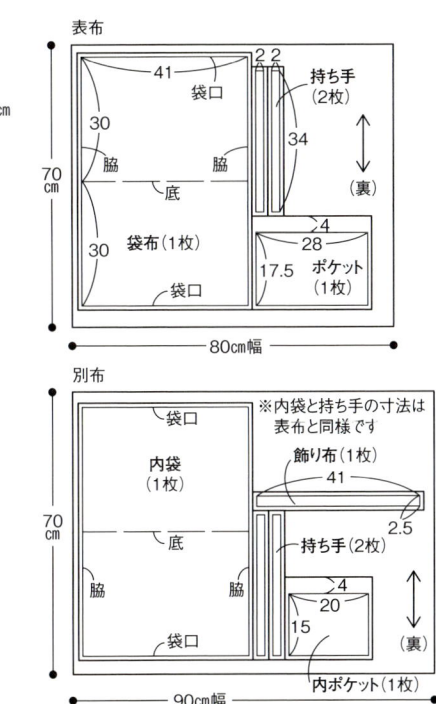

裁ち合わせ図
※指定以外の縫い代は1cm

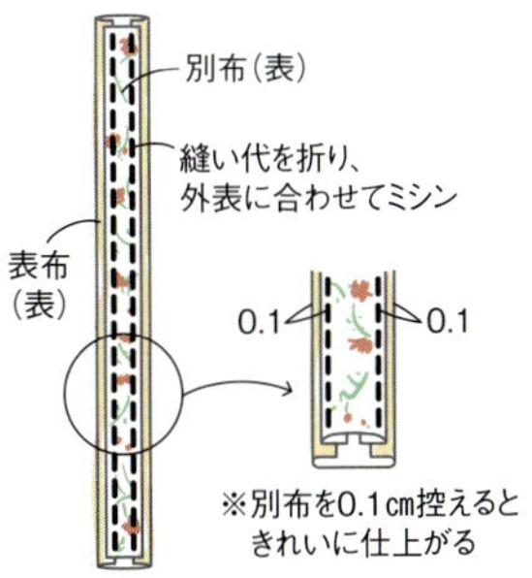

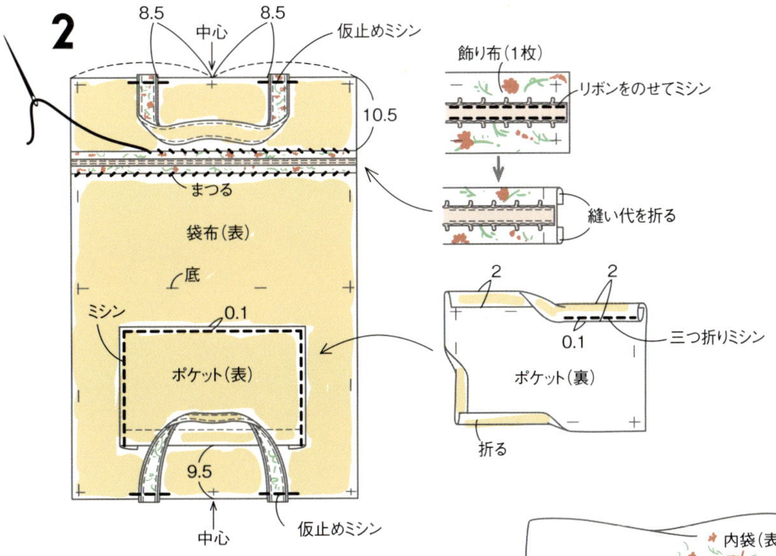

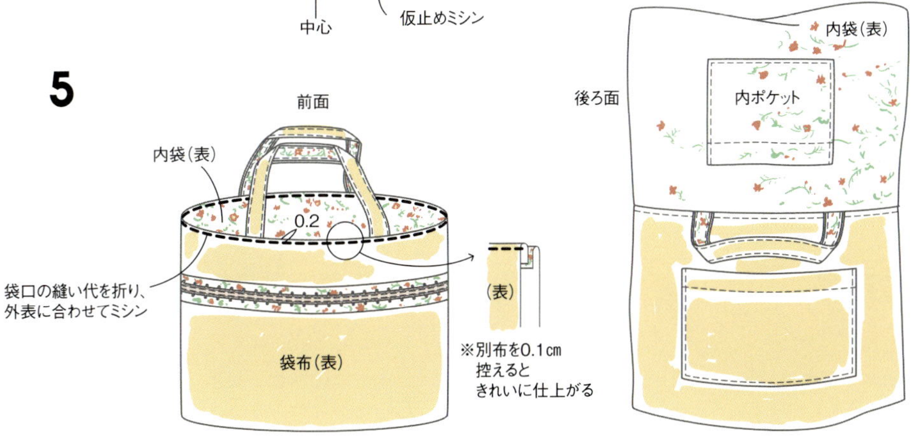

d レインポンチョ
e レインハット

一枚あると本当に便利です。
好きな防水生地で
気楽に作りましょう。
作り方……p.54

f サッカー地のジャケット
g 紺のコットンパンツ
ジャケットもパンツもかっこいい。
男の子用にも作れます。
作り方……p.56, 60

h フレンチスリーブのブラウス

簡単ブラウスは夏に大活躍します。
ストライプやチェックでもかわいいです。

作り方 …… p.59

i 肩ひものサンドレス

夏の肩ひものワンピースは涼しくって楽ちん！
簡単に作れます。
作り方 …… p.62

j　いろいろなきんちゃく

なにかと便利なきんちゃく袋。
生地やサイズを変えていろいろに使えます。

作り方 …… p.24

k おやつマット

はぎれをカラフルに組み合わせたおやつマット。
たくさん作ってお誕生日会にも。

作り方 …… p.25

j いろいろなきんちゃく

Photo …… p.20

《でき上がり寸法》
大（バンビ柄）…縦28×横20cm
中（赤の花柄）…縦20×横31×まち12cm
小（白）…縦16×横15cm

材料

● 大
表布（綿のバンビ柄）…22cm幅62cm
グログランリボン…0.8cm幅50cmを2本
留め金具…2個

● 中
表布（綿の花柄）…33cm幅46cm
別布（綿の無地）…33cm幅46cm
綿テープ…1.2cm幅75cmを2本

● 小
表布（綿の無地）…17cm幅38cm
グログランリボン…5cm幅17cmを2枚
綿テープ…1.2cm幅44cmを2本

作り方順序

● 大
【下準備】脇の縫い代にロックミシンをかける。
1 脇を縫う。
2 袋口を縫う。
3 リボンを通す。

● 中
【下準備】2枚の袋布を外表に合わせて、脇の縫い代にロックミシンをかける。
大1のあと、まちを作り、2、3と同様に縫う。

● 小
リボンを縫いつけてから脇の縫い代にロックミシンをかけ、大の1〜3と同様に作る。

裁ち合わせ図
※指定以外の縫い代は1cm

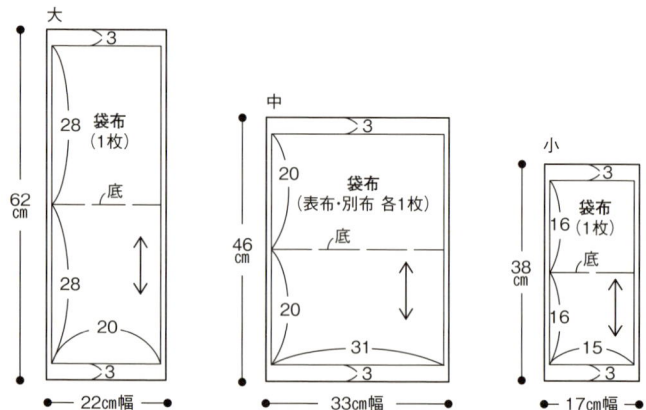

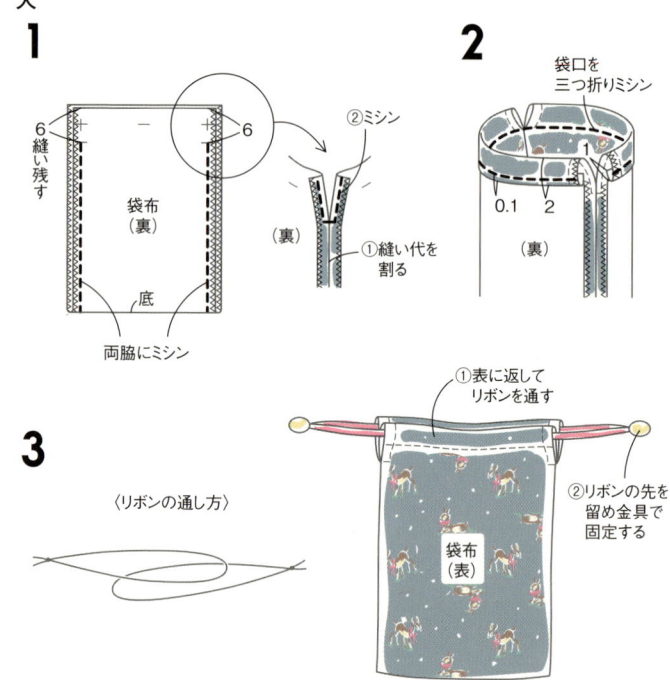

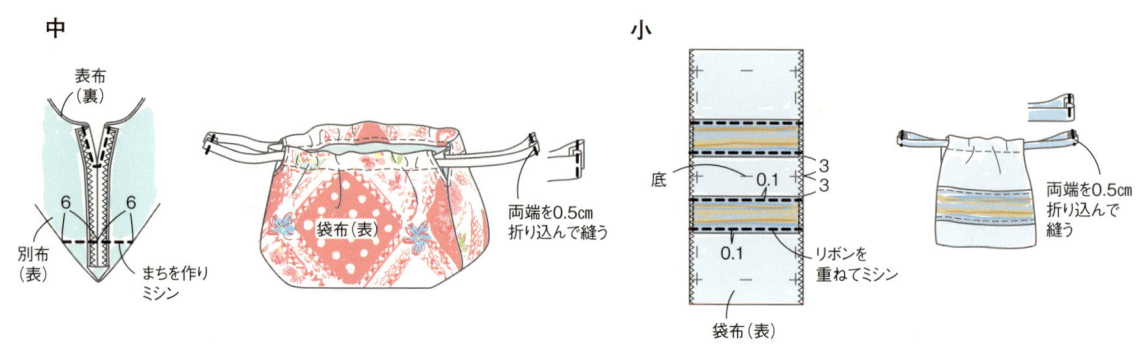

k おやつマット

Photo …… p.22, 23

《でき上がり寸法》
縦 22.5 × 横 30cm

材料（p.23 の場合）
表布（厚手の綿・無地）…30cm幅 22.5cmを2枚
別布（綿の花柄）…30cm幅 9.5cm
バイアス布（綿のギンガムチェック）…5cm幅 105cm
★バイアス布は長いので途中で接いだものを用意します。または市販のバイアステープを使用してもよいでしょう。

作り方順序
1 本体に飾り布をつける。
2 本体を二重にする。
3 バイアス布でまわりを縁どりする。

裁ち方図　※寸法は縫い代含む

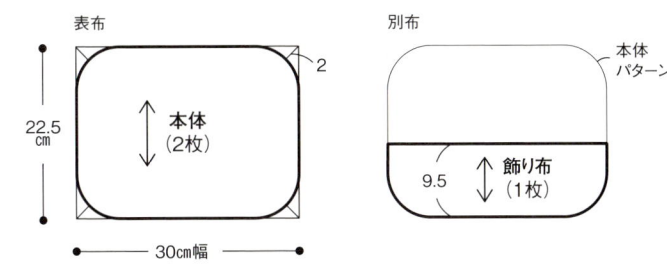

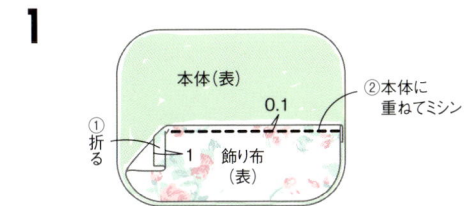

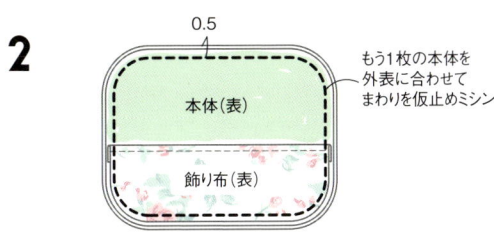

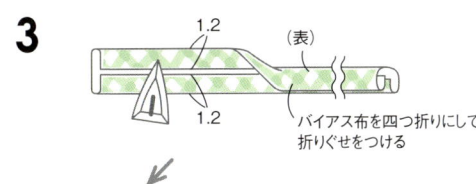

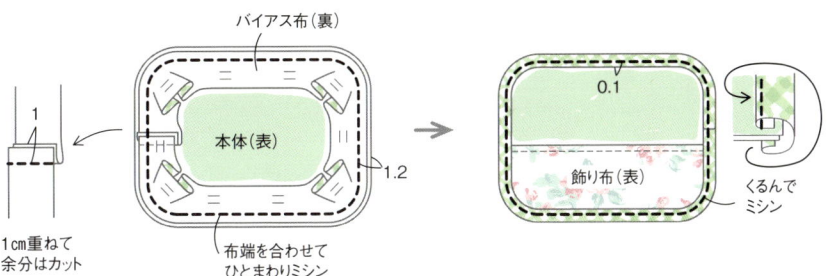

l コーデュロイのジャンパースカート

オーソドックスなかたちは
子ども服の永遠の定番。
デニムで作るのもいいです。

作り方 …… p.64

m 日曜日の黒いドレス

今日はきちんとしなければ
ならない一日。
一枚のドレスが礼儀作法を
教えてくれることもあります。
作り方 …… p.66

n パジャマ

やさしくて気持ちのいいコットンや
リネンの生地を使って。
作り方 …… p.68

● 着せかえ人形

ママお手製のお人形は
いつでもどこでもいっしょです。

作り方……p.34

着せかえ人形

Photo …… p.32,33
実物大パターン B面

《でき上がり寸法》身長 34cm

材料

表布(体用／白のリネン)…70cm幅 25cm
別布 A(洋服用／綿のギンガムチェック)…70cm幅 30cm
別布 B(パンツ用／白のコットン)…40cm幅 20cm
別布 C(エプロン用／白の綿)…15cm幅 10cm
別布 D(洋服のフリル用／綿の花柄)…70cm幅 4.5cmを1枚
エプロンのひも …1cm幅の綿テープ 55cm
パンツのゴムテープ …0.5cm幅 23cm
わた …適宜
スナップボタン(小)…3組
25番の刺しゅう糸 …青　ピンク　マスタードゴールド
★作品のパンツはアンティークレースの布を使用しています。

作り方順序

1 手と足を作る。
2 本体に顔の刺しゅうをして体を作り、髪の毛をつける。
3 洋服を作る。
4 パンツを作る。
5 エプロンを作る。

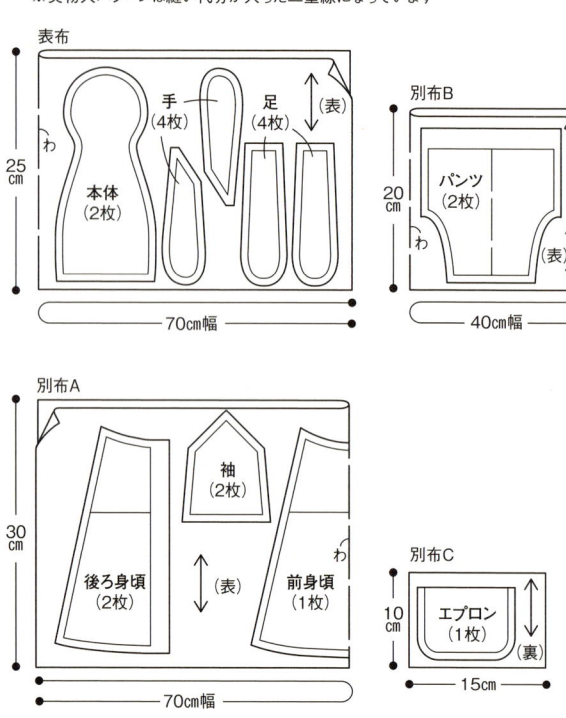

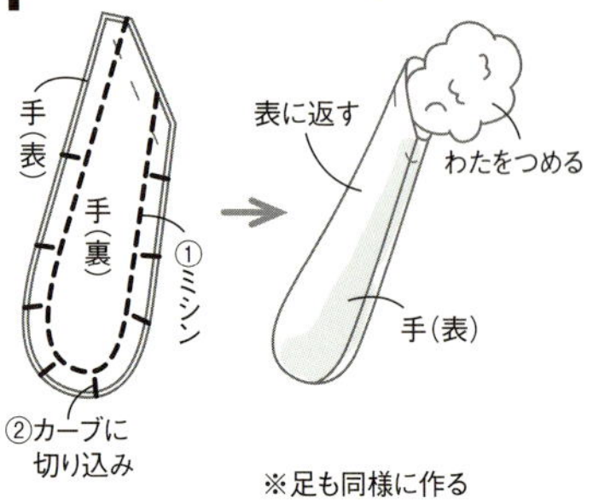

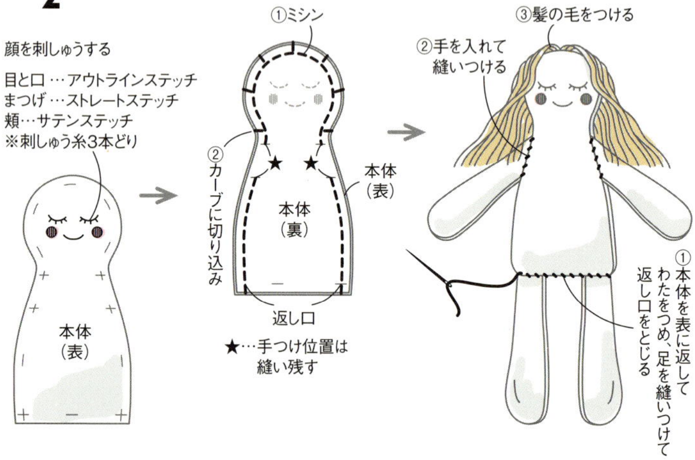

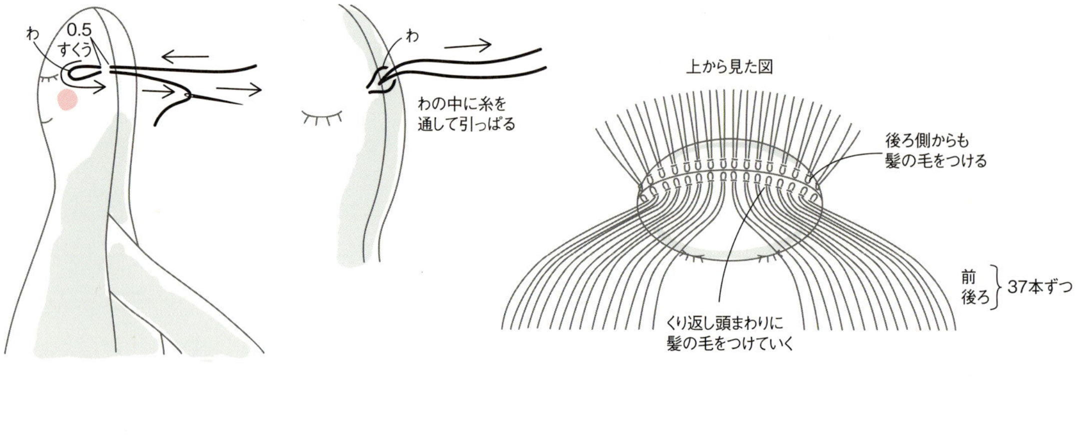

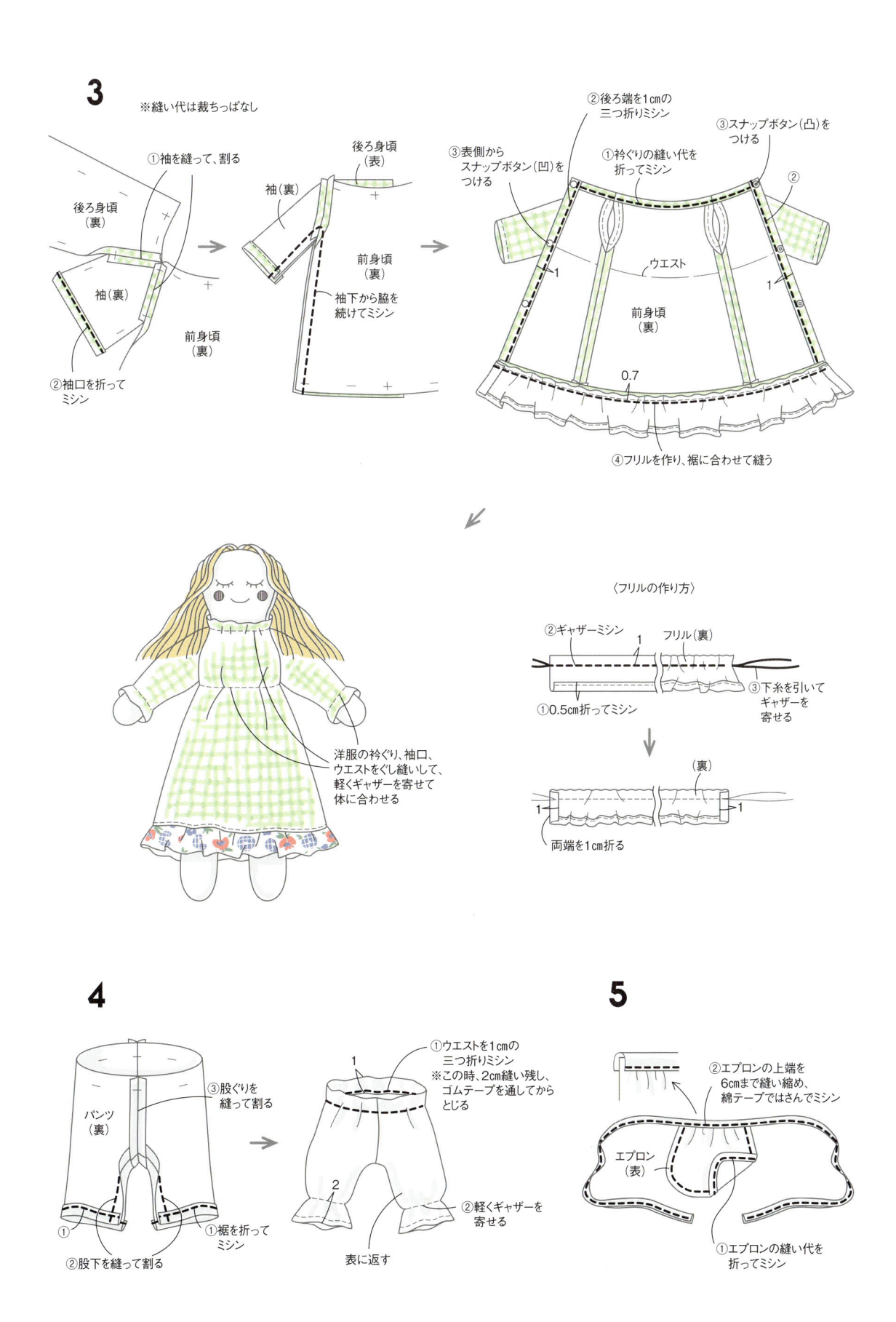

3

※縫い代は裁ちっぱなし

①袖を縫って、割る

後ろ身頃（裏）
袖（裏）
②袖口を折ってミシン
前身頃（裏）

後ろ身頃（表）
袖（裏）
袖下から脇を続けてミシン
前身頃（裏）

②後ろ端を1cmの三つ折りミシン
③表側からスナップボタン（凹）をつける
①衿ぐりの縫い代を折ってミシン
③スナップボタン（凸）をつける
ウエスト
前身頃（裏）
④フリルを作り、裾に合わせて縫う

洋服の衿ぐり、袖口、ウエストをぐし縫いして、軽くギャザーを寄せて体に合わせる

〈フリルの作り方〉

②ギャザーミシン
フリル（裏）
①0.5cm折ってミシン
③下糸を引いてギャザーを寄せる

（裏）
両端を1cm折る

4

パンツ（裏）
③股ぐりを縫って割る
①裾を折ってミシン
②股下を縫って割る

①ウエストを1cmの三つ折りミシン
※この時、2cm縫い残し、ゴムテープを通してからとじる
②軽くギャザーを寄せる
表に返す

5

②エプロンの上端を6cmまで縫い縮め、綿テープではさんでミシン
エプロン（表）
①エプロンの縫い代を折ってミシン

35

p デニムのスカート

シンプルなスカートは
着まわしがきく一枚。
作り方 …… p.70

q 白いシャツ

制服にも礼服にも。
ていねいに仕立てられた服に
そでを通すうれしさと緊張を。
作り方 …… p.72

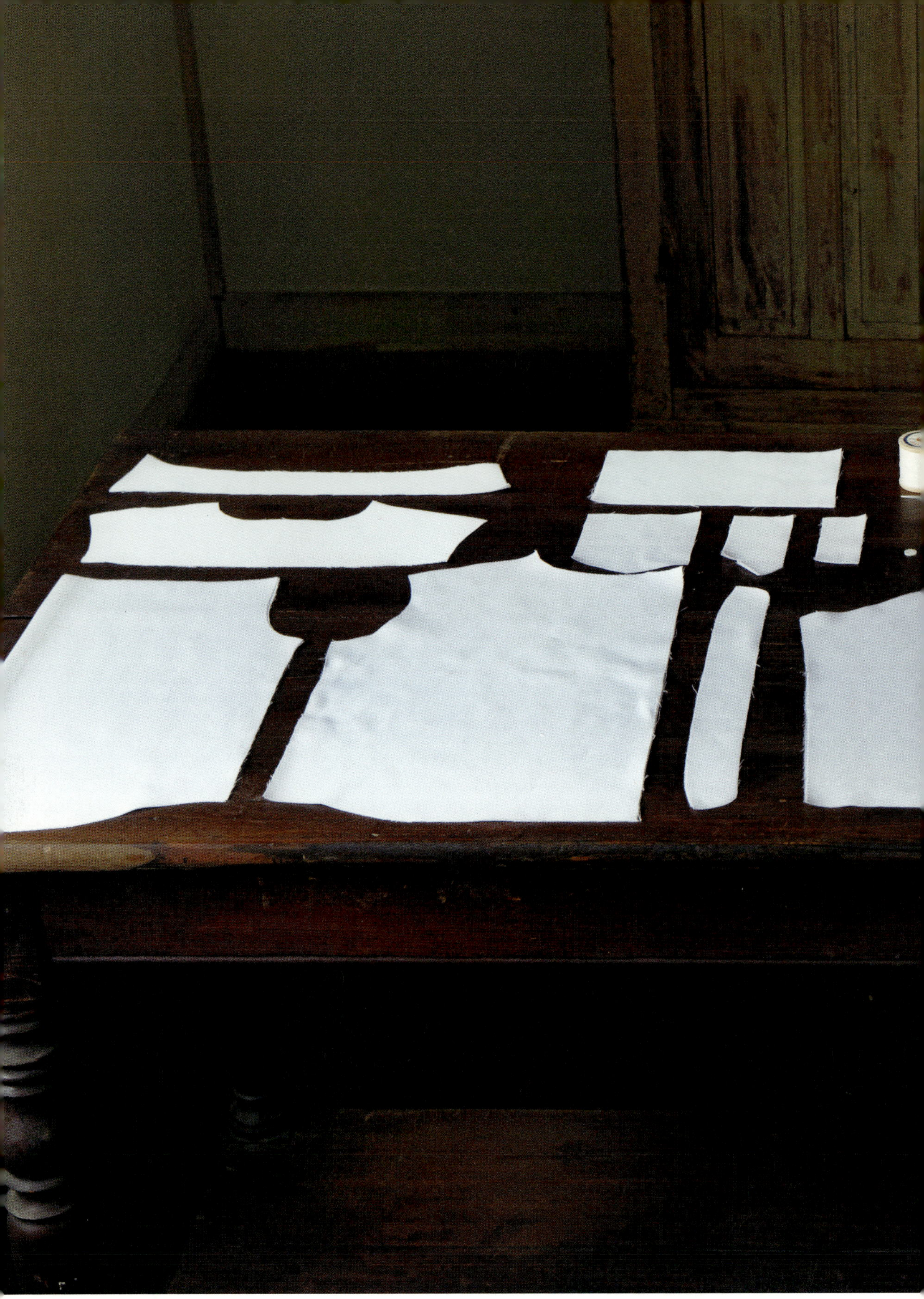

39

r ヘアバンド

花柄とウサギの耳。
同じように作ります。
作り方 …… p.63

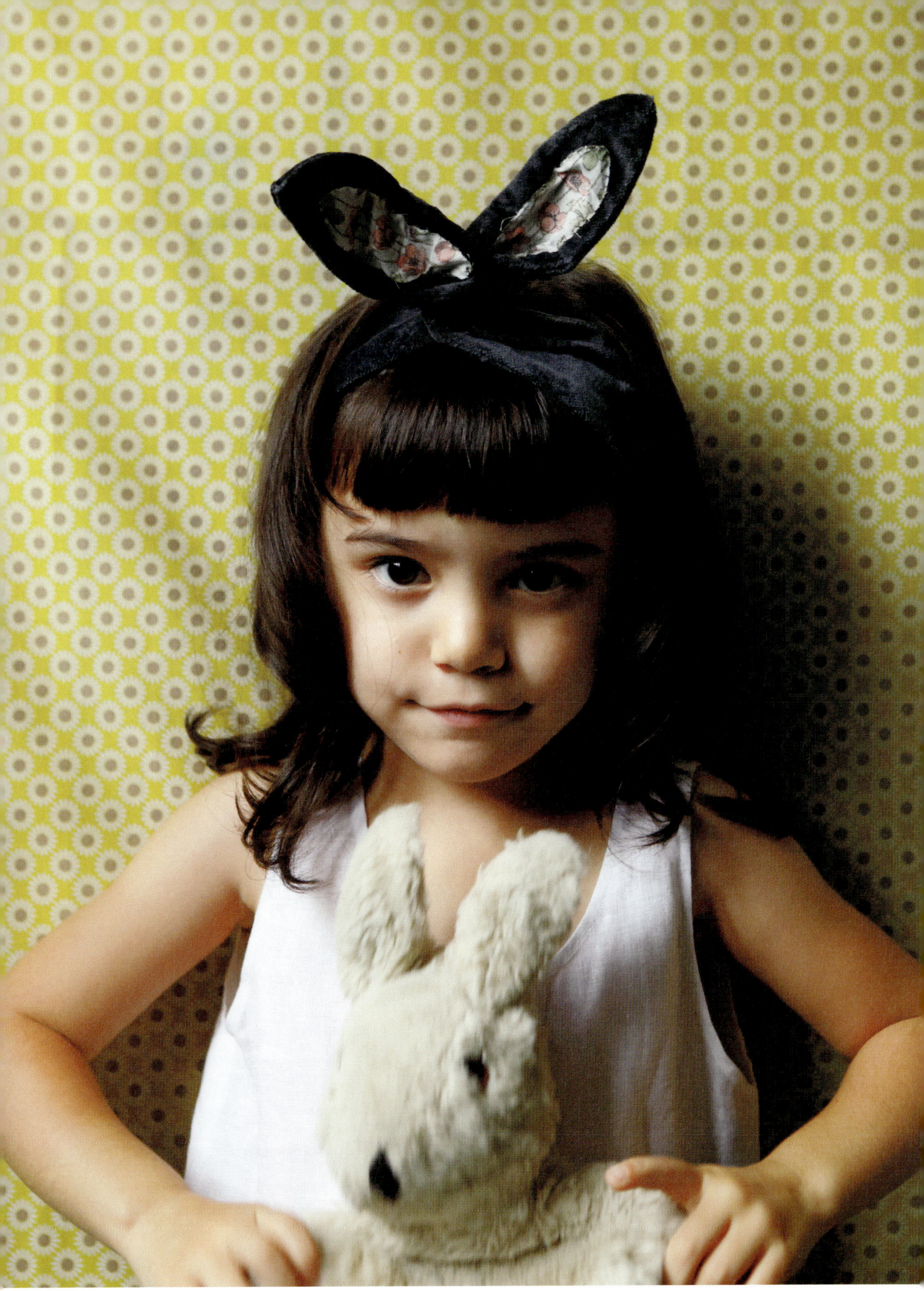

s ウールのマント

ふわっとはおれば上品であたたかい一枚。
作り方 …… p.76

43

✝ うさぎのバッグ

遊び心たっぷりのバッグは
手ざわりにこだわって
ビロードを使いました。
作り方 …… p.75

U 発表会のドレス

ギャザーがたっぷり入った
裾が大きく広がるドレスは
女の子の憧れ。
特別な日の装いです。

作り方 …… p.78

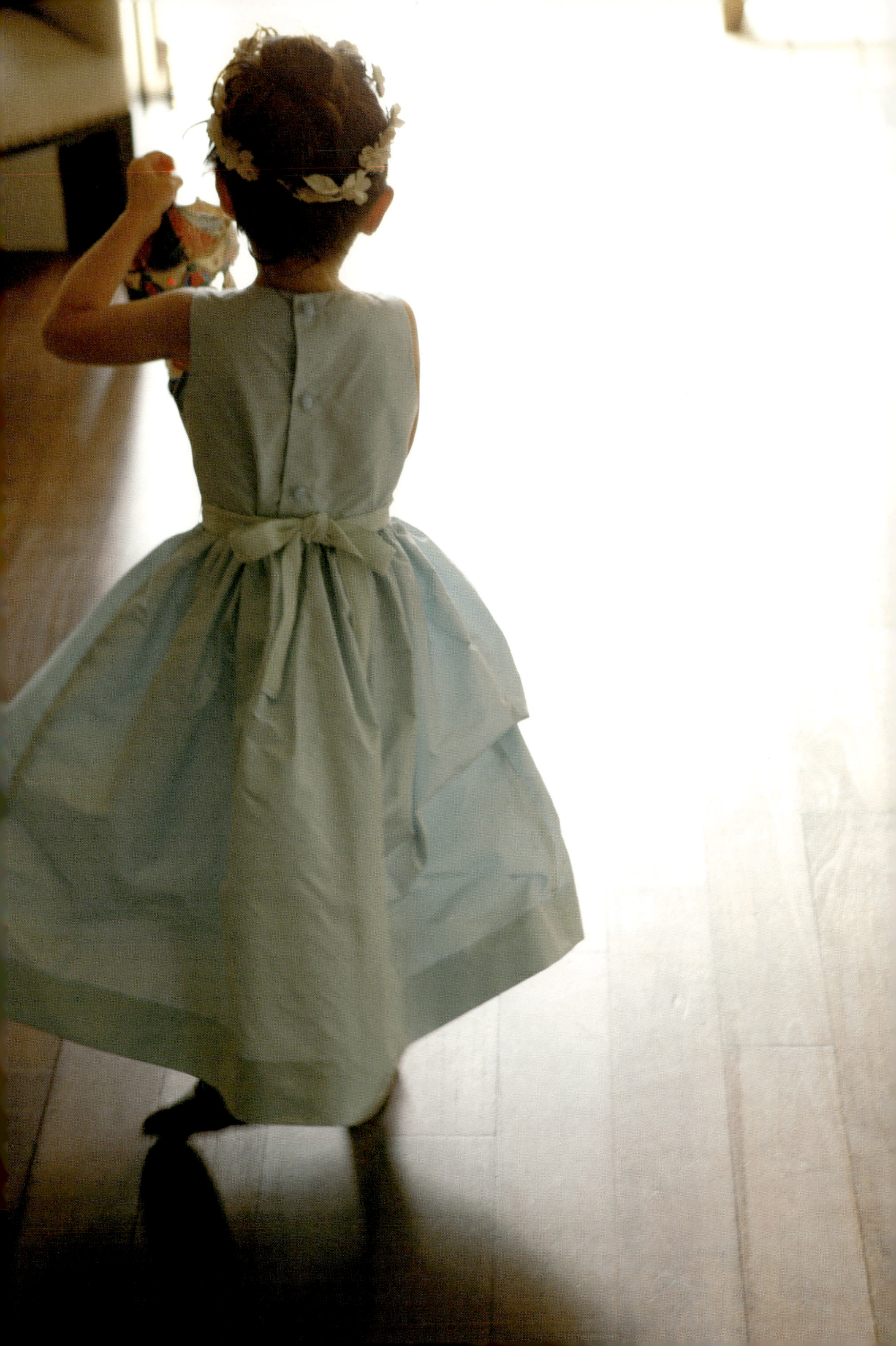

Lisette
少女のためにつくる服
作り方

服作りを始める前に

● サイズについて

この本の服は 100、110、120 cm の 3 サイズ、**a** リネンの下着のみ 90 cm を加えた 4 サイズのパターンで作ることができます。ただし、**d** レインポンチョと **s** ウールのマントは 100 と 110 cm サイズが兼用のパターンになっています。
サイズ表の寸法（ヌード寸法）とそれぞれの作り方ページのでき上がり寸法を参考にしてお子さまのサイズをお選びください。着丈は N.P（ネックポイント）から裾までの寸法です。

	90	100	110	120
身長	85〜95	95〜105	105〜115	115〜125
バスト	48	52	56	60
ウエスト	46	48	50	52
ヒップ	52	55	59	63

単位は cm

付録 実物大パターンの使い方

●パターンの写し方
作りたい服が決まったらアルファベット記号を確認し、実物大パターンの各パーツを別紙（パターン用紙やハトロン紙などの下が透けて見える紙）に写し取ります。線が込み入っている箇所がありますので、あらかじめよく確認してから始めてください。パーツ名や合印、地の目線、ポケットつけ位置なども忘れずに写し取ります。

●縫い代つきパターンの作り方
実物大パターンには縫い代分が含まれていません。写し取ったままのパターンで紙を切り取らずに、縫い代分をつけてから切ります。作り方ページの裁ち合わせ図を参照し、写し取ったパターンのまわりに指定された縫い代分をつけ加えます。縫い代幅はデザインや始末の仕方によって異なります。縫い合わせたときに凸凹がないように正しくつけてください。

●縫い代つけの注意例
▨＝パターンを写し取った紙

Ⓐ 端に向かって広がる場合はこうすればOK
①でき上がり線で折る
②脇の縫い代線でカットする
※脇の傾斜を裾の縫い代に反転させる
結果、裾を折り上げたときに余分な縫い代がない

Ⓑ 端に向かって狭くなる場合はこうすればOK
①でき上がり線で折る
②袖下の縫い代線でカットする
※袖下の傾斜を袖口の縫い代に反転させる
結果、袖口を折り上げたときに縫い代の不足分がない

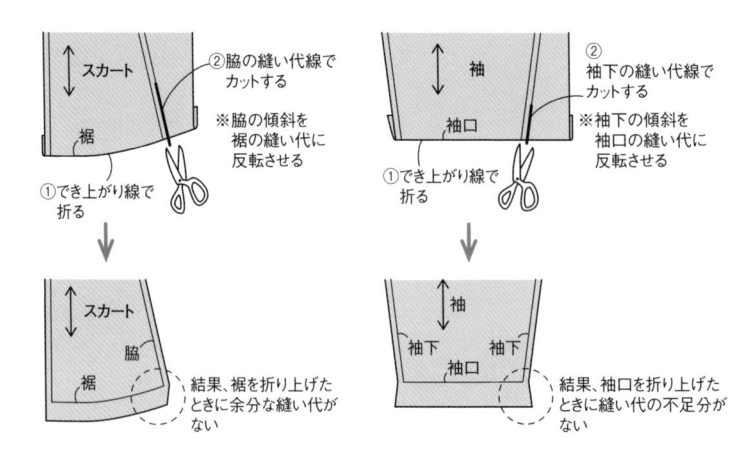

●袖ぐりの縫い代のつけ方
（f サッカー地のジャケット）

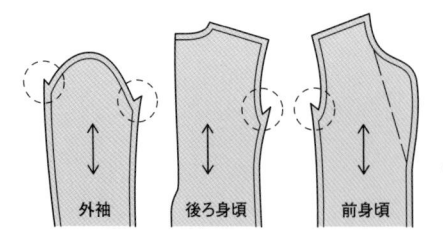

外袖／後ろ身頃／前身頃

( )で囲った部分はⒷの例と同じ要領でカットし、部分的に袖ぐりのカーブを反転させた縫い代にする。縫い代を割ったとき、袖ぐりの縫い代に不足分がない

●実物大パターンのないパーツについて
直線裁ちでできる洋服やパーツには実物大パターンがついていません。裁ち合わせ図内の寸法を参照してご自分で縫い代つきパターンを作るか、または布に直に線を引いて（縫い代分も忘れずに）裁断します。

●丈を調節したい場合
ブラウスやワンピースの着丈、スカート丈やパンツ丈は好みに合わせて調節できます。その際はパターンを写し取るときに丈を延長線上で調節して裾を平行にして線を引き、縫い代をつけます。

上手に作るコツ

●生地の必要量と地直し

この本の洋服は実際に使用した生地の幅に合わせて必要量を見積って用尺を掲載していますが、幅は生地の素材や国産か輸入品か、などによって異なります。お使いになる生地の幅が狭いと掲載した用尺では足らない場合がありますので必ず確認し、適宜必要量を用意してください。また、リネンや輸入品の綿などは水に通すと縮みます。あらかじめ生地を水通しし、地直しをしてください（掲載した用尺は縮み分を考慮し、若干多めに見積もっています）。図中の寸法の単位はcmです。

●地直し

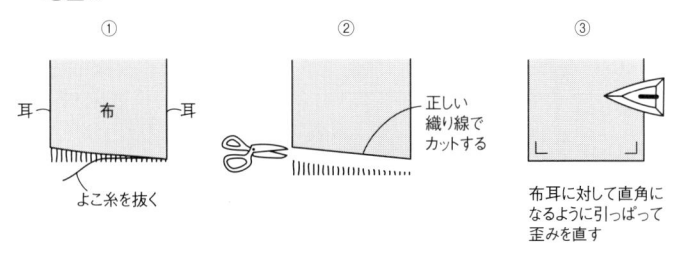

① 耳 布 耳 / よこ糸を抜く

② 正しい織り線でカットする

③ 布耳に対して直角になるように引っぱって歪みを直す

※水通しが必要な布は①、②の後に水通しをし、陰干しをして生乾きの状態のときに③を行う

●糸と針選び

お使いになる生地に合わせてミシン糸とミシン針を用意します。一般的なリネンや綿の生地は普通地用（糸は60番、針は11号）。綿ローンなどの薄手の生地は薄地用（糸は90番、針は9号）。ウールの厚手の生地は厚地用（糸は30番、針は14号）。また、生地に合った色を選ぶことも大切です。お店にある糸見本帳で色を合わせることをおすすめします。

●裁断の注意点

裁ち合わせ図を参照して必要なパーツをすべて布の上に配置します。この時、生地の地の目と型紙の地の目が平行になるようにします。ベロアやコーデュロイなど毛足のある布はパターンを逆毛になるように配置します。

●接着芯のこと

型くずれや縫い伸びを防ぐため、裁ち合わせ図の指定された箇所に接着芯を貼ります。接着芯の種類には織り地、ニット地、不織布タイプがありますので生地に合わせてお選びください。接着する際は当て布をして、アイロンで均等に圧力をかけて貼ります。

●印つけについて

チョークペーパー（水で消えるタイプがおすすめ）とルレットを使い、でき上がり線が生地の裏面につくようにします。合印やあき止まり位置なども忘れずに。ウールなどチョークペーパーで印がつかない場合はしつけ糸で切りじつけにします。

●ミシンがけについて

まず試し縫いをしてミシンの調子を確認します。裁断後の残り布を二重にして縫い、ミシンの針目の大きさや糸調子をチェックします。針目の大きさは3cmに15〜18針くらいを目安にしてください。本番のミシンがけは縫い始めと縫い終わりに返し縫いをして縫い目を補強します。手慣れた方はミシンにステッチ定規をセットし、縫い代幅を目安にミシンがけをすると印つけも省けてスピーディーです。ミシンがけをしたら、こまめにアイロンがけをして整えるとさらに素敵な服に仕上がります。

a リネンの下着

リネン生地は水を通し、
地直しをしてから裁断します。

Photo …… p.7
実物大パターン A 面

★寸法の表示は左から 90 ／ 100 ／ 110 ／ 120cm の順
《でき上がり寸法》
●上着
着丈 … 35.5 ／ 38.5 ／ 41.5 ／ 45cm
バスト … 59.5 ／ 63.5 ／ 67.5 ／ 71.5cm
●パンツ
ウエスト（ゴム上がり）… 39 ／ 41 ／ 43 ／ 45cm
脇丈 … 13.5 ／ 14 ／ 14.5 ／ 15cm

材料
リネン … 150cm幅 65 ／ 70 ／ 70 ／ 75cm
接着芯（後ろ見返し分）… 15cm幅 15cm
足つきボタン … 直径 1.1cm 1 個
綿テープ（縫い代の始末用）… 0.5cm幅 120 ／ 125 ／ 130 ／ 140cm
ゴムテープ … 0.8cm幅 40 ／ 42 ／ 44 ／ 46cm

作り方順序
●上着
【下準備】後ろ見返しの裏面に接着芯を貼る。
肩と脇の縫い代にロックミシンをかける。
1 肩を縫い、縫い代を割る。
2 衿ぐりと袖ぐりを綿テープで始末する。
3 布ループを作る。
4 後ろ見返しをつける。
5 裾の始末をする。
6 両脇を縫い、スリットを作る。
7 後ろにボタンをつける。
●パンツ
【下準備】脇と股下の縫い代にロックミシンをかける。
1 股下を縫い、裾の始末をする。
2 両脇を縫う。
3 股ぐりを縫う。
4 ウエストを三つ折りにして縫い、ゴムテープを通す。

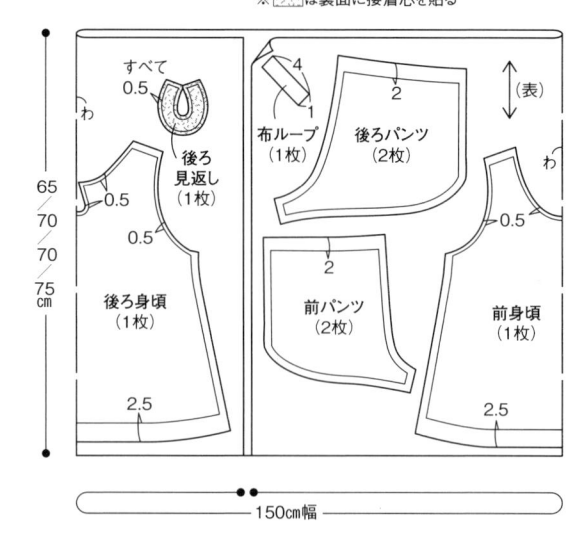

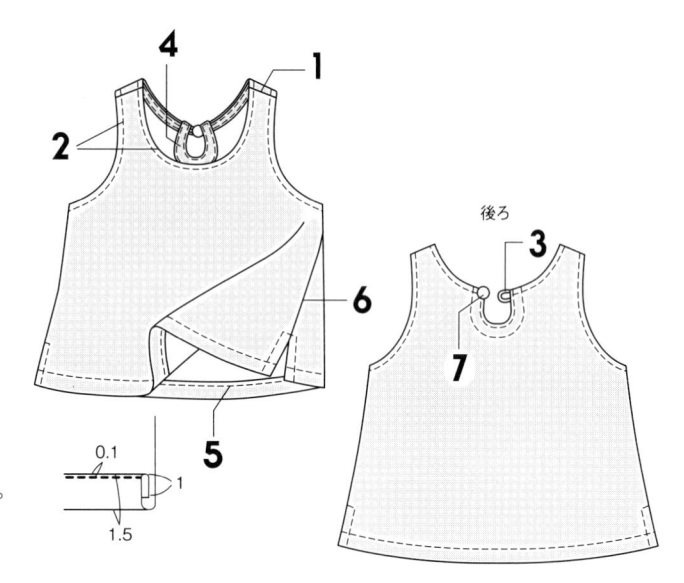

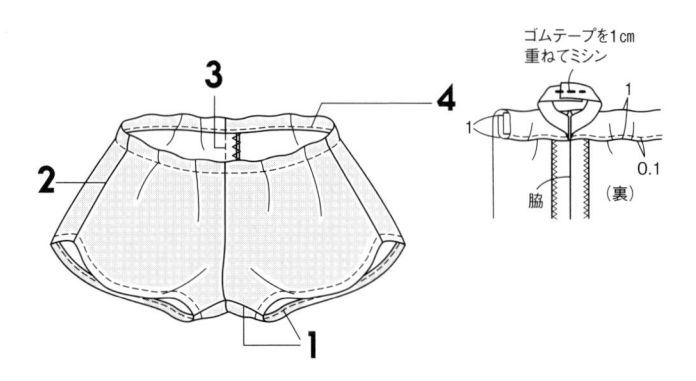

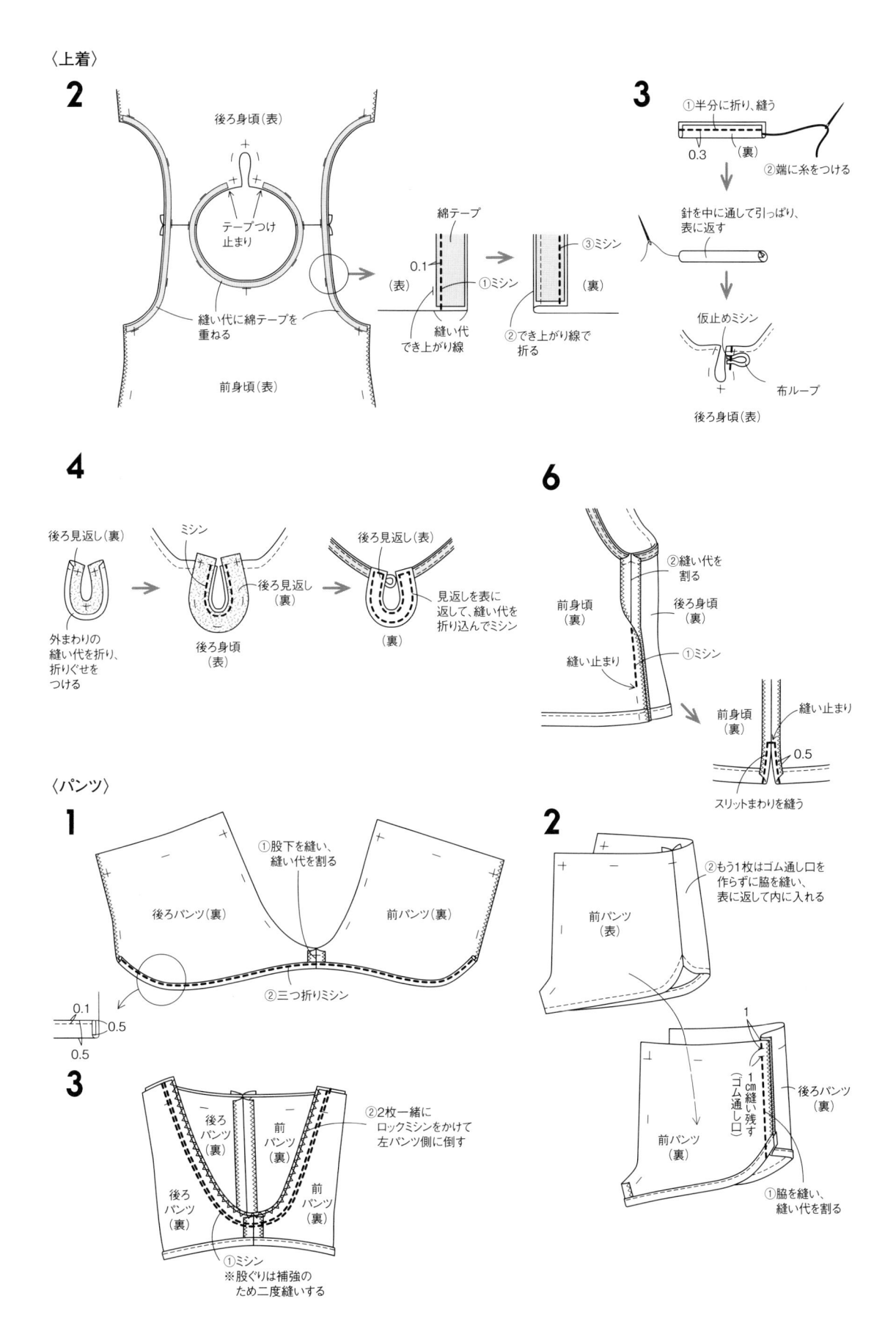

〈上着〉

2

- 後ろ身頃(表)
- テープつけ止まり
- 縫い代に綿テープを重ねる
- 前身頃(表)
- 綿テープ
- (表)
- 0.1
- ①ミシン
- 縫い代
- でき上がり線
- ②でき上がり線で折る
- (裏)
- ③ミシン

3

- ①半分に折り、縫う
- 0.3
- (裏)
- ②端に糸をつける
- 針を中に通して引っぱり、表に返す
- 仮止めミシン
- 布ループ
- 後ろ身頃(表)

4

- 後ろ見返し(裏)
- 外まわりの縫い代を折り、折りぐせをつける
- ミシン
- 後ろ見返し(裏)
- 後ろ身頃(表)
- 後ろ見返し(表)
- 見返しを表に返して、縫い代を折り込んでミシン
- (裏)

6

- 前身頃(裏)
- 後ろ身頃(裏)
- ②縫い代を割る
- 縫い止まり
- ①ミシン
- 前身頃(裏)
- 縫い止まり
- 0.5
- スリットまわりを縫う

〈パンツ〉

1

- 後ろパンツ(裏)
- 前パンツ(裏)
- ①股下を縫い、縫い代を割る
- ②三つ折りミシン
- 0.1
- 0.5
- 0.5

2

- ②もう1枚はゴム通し口を作らずに脇を縫い、表に返して内に入れる
- 前パンツ(表)
- 1
- 1cm縫い残す(ゴム通し口)
- 後ろパンツ(裏)
- 前パンツ(裏)
- ①脇を縫い、縫い代を割る

3

- 後ろパンツ(裏)
- 前パンツ(裏)
- ②2枚一緒にロックミシンをかけて左パンツ側に倒す
- 後ろパンツ(裏)
- 前パンツ(裏)
- ①ミシン
- ※股ぐりは補強のため二度縫いする

b プリーツのスカート

ひだがしっかりするように、
途中までステッチが入っています。

Photo …… p.8

★寸法の表示は左から 100 ／ 110 ／ 120 cm の順

《でき上がり寸法》
スカート丈（ベルト分含む）… 30 ／ 33 ／ 37 cm
ウエスト（ゴム上がり）… 48 ／ 50 ／ 52 cm

材料
リネンチェック … 148 cm幅 75 ／ 80 ／ 85 cm
ゴムテープ … 2.5 cm幅 49 ／ 51 ／ 53 cm
★ p.9 上のウール地の場合は 150 cm幅で同様の用尺です。
★ p.9 下のリネンレースのスカラップ地の場合は 110 cm幅 220 ／ 225 ／ 230 cmの用尺です。ただし、スカートを横地にとり、裾にスカラップレースを配置します。

作り方順序
【下準備】脇の縫い代にロックミシンをかける。
1 ひだをたたむ。
2 ひだ山を縫う。
3 両脇を縫う。
4 ベルトを作り、スカートにつける。
5 ゴムテープを通す。
6 裾の始末をする。

裁ち合わせ図
※指定以外の縫い代は1cm

- ■ （スカート丈）= 27.3 ／ 30.3 ／ 34.3
- ▲ （スカート幅）= 100.5 ／ 105 ／ 109.5
- ● = 6.7 ／ 7 ／ 7.3
- ⧗ = ひだをたたむ

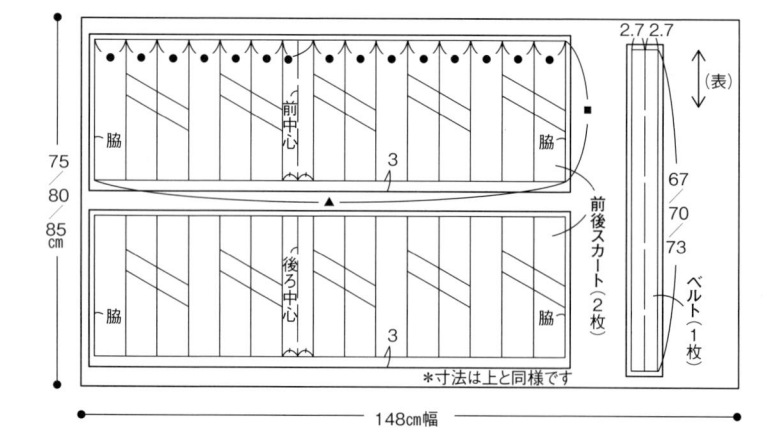

〈ウール地の場合〉
①折る ②しつけ ③奥まつり
ロックミシン

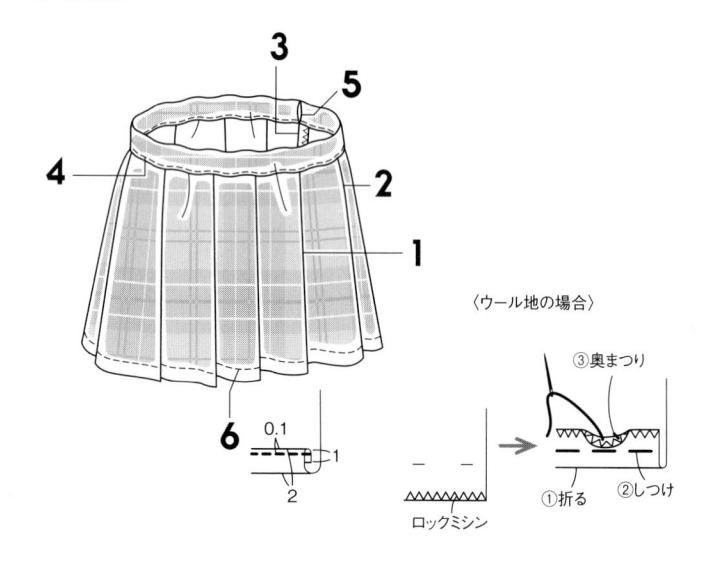

〈リネンレースのスカラップ地の場合〉
スカートは横地にとり、裾にスカラップを合わせて裁断する

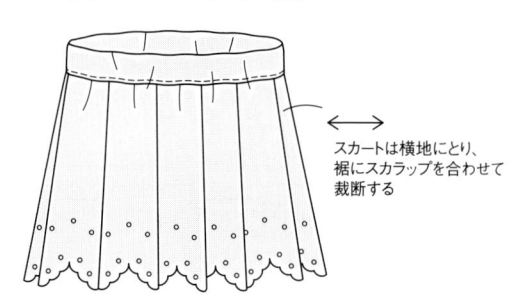

1

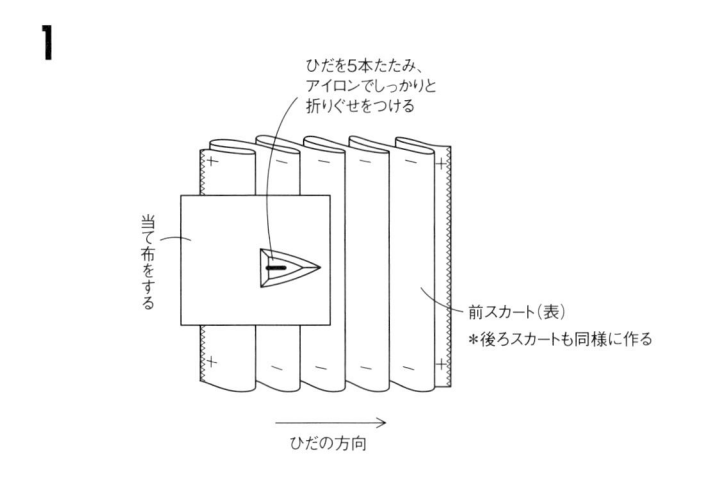

ひだを5本たたみ、
アイロンでしっかりと
折りぐせをつける

当て布をする

前スカート(表)
＊後ろスカートも同様に作る

ひだの方向

2

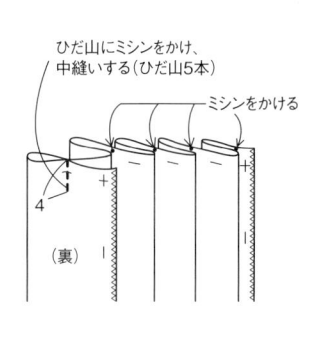

ひだ山にミシンをかけ、
中縫いする(ひだ山5本)

ミシンをかける

4

(裏)

3

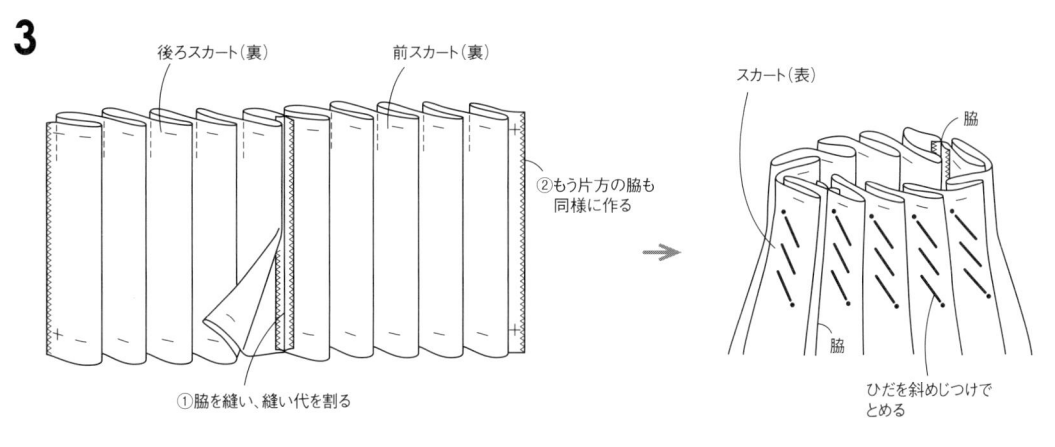

後ろスカート(裏)　前スカート(裏)

②もう片方の脇も同様に作る

①脇を縫い、縫い代を割る

スカート(表)

脇

脇

ひだを斜めじつけでとめる

4

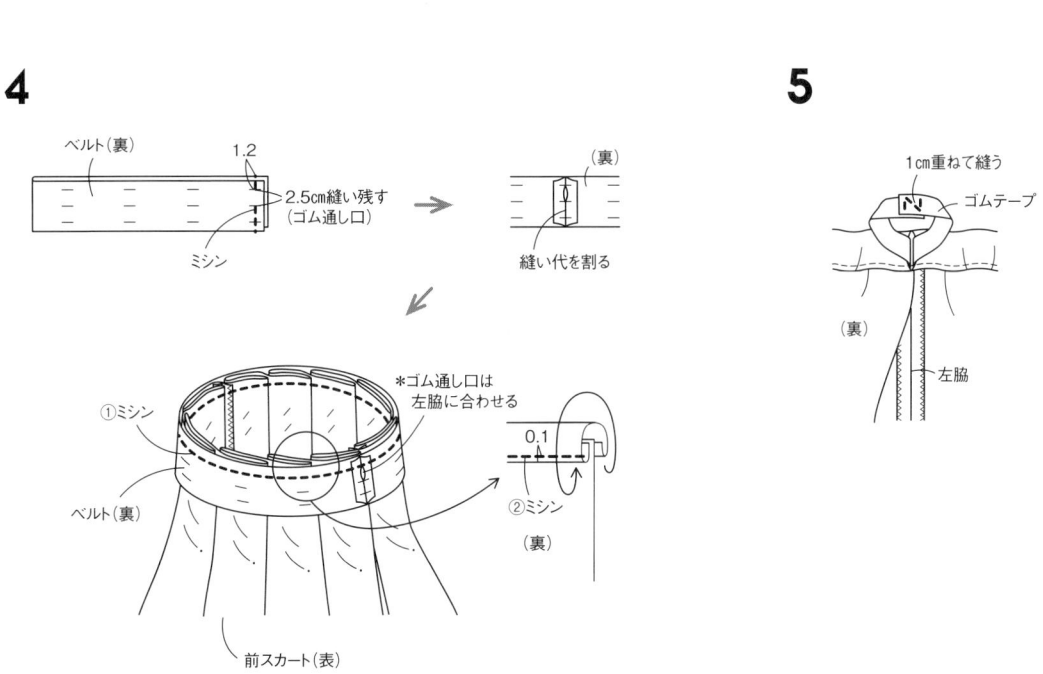

ベルト(裏)
1.2
2.5cm縫い残す(ゴム通し口)
ミシン

(裏)
縫い代を割る

①ミシン
ベルト(裏)

＊ゴム通し口は左脇に合わせる

0.1
②ミシン
(裏)

前スカート(表)

5

1cm重ねて縫う
ゴムテープ

(裏)

左脇

d レインポンチョ
e レインハット

防水生地がほつれない素材なら、
縫い代端の始末はいりません。

Photo …… p.12
実物大パターン A 面

★寸法の表示は左から 100（110 兼用）／
　120cmの順
《でき上がり寸法》
着丈…51／55.5cm
レインハットの頭まわり…52／54cm

材料
防水生地…110cm幅 140／155cm
ドットボタン…直径1.5cm 4個
綿テープ…1cm幅（ループ、縫い代始末用）
　180cm、1.5cm幅（縫い代始末）450cm

作り方順序
●レインポンチョ
1　肩の縫い代にロックミシンをかけ、肩と裾の縫い代を綿テープで始末する。
2　前見頃と後ろ身頃を内表にして肩を縫い止まりまで縫い、縫い代を割る。
3　見返しを作る。
4　身頃に見返しをつけ、後ろ中心にループをはさむ。
5　ドットボタンをつける。
●レインハット
1　レインハット3枚をはぎ合わせたものを2組作る。
2　1の2枚を縫い合わせる。
3　周囲を三つ折りにして縫い、後ろ中心にループをはさむ。
4　天辺にドットボタン（凹）をつける。

裁ち合わせ図
※指定以外の縫い代は1cm

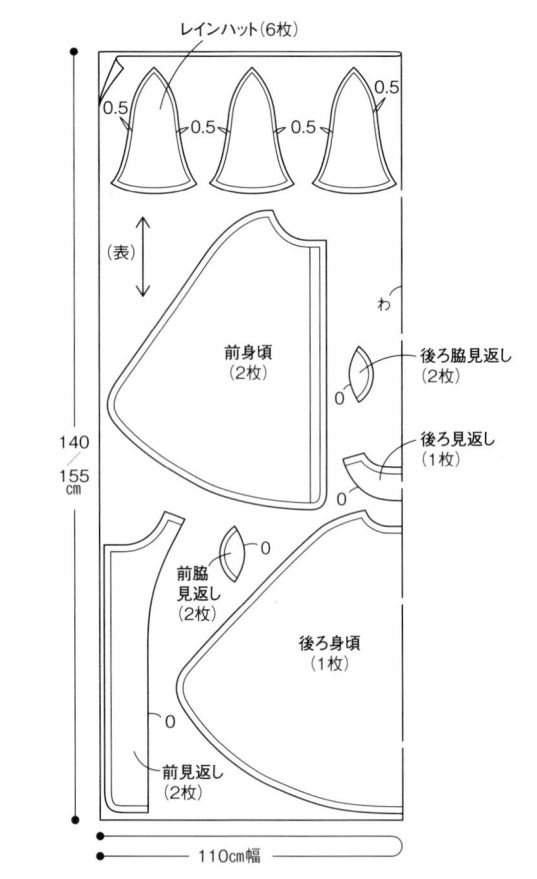

- レインハット(6枚)
- 前身頃(2枚)
- 後ろ脇見返し(2枚)
- 後ろ見返し(1枚)
- 前脇見返し(2枚)
- 後ろ身頃(1枚)
- 前見返し(2枚)

140／155cm　110cm幅

前身頃にドットボタンの凹をつけ、後ろ身頃に凸をつける

長さ8.5cmの綿テープを二つ折りにして、周囲の三つ折りにはさんで縫う

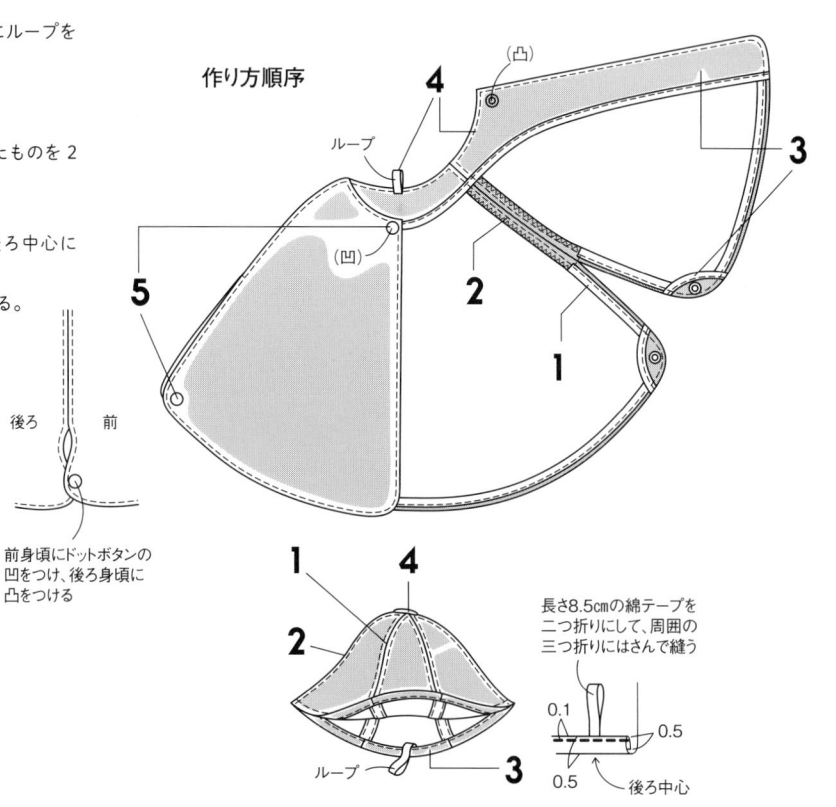

〈レインポンチョ〉

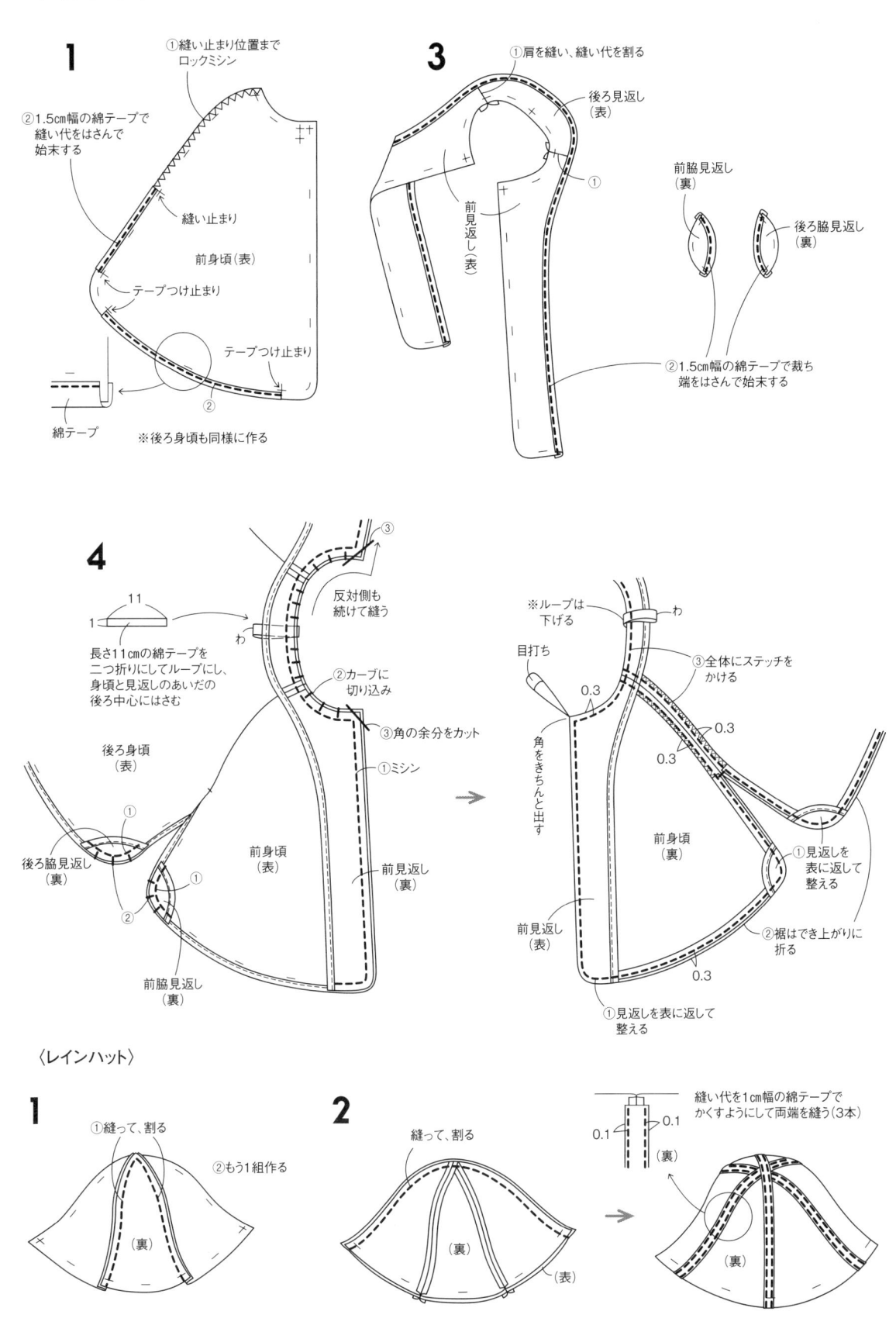

1
① 縫い止まり位置までロックミシン
② 1.5cm幅の綿テープで縫い代をはさんで始末する
縫い止まり
前身頃(表)
テープつけ止まり
テープつけ止まり
綿テープ
※後ろ身頃も同様に作る

3
① 肩を縫い、縫い代を割る
後ろ見返し(表)
前見返し(表)
前脇見返し(裏)
後ろ脇見返し(裏)
② 1.5cm幅の綿テープで裁ち端をはさんで始末する

4
長さ11cmの綿テープを二つ折りにしてループにし、身頃と見返しのあいだの後ろ中心にはさむ
反対側も続けて縫う
② カーブに切り込み
③ 角の余分をカット
① ミシン
後ろ身頃(表)
後ろ脇見返し(裏)
前身頃(表)
前見返し(裏)
前脇見返し(裏)

※ループは下げる
目打ち
角をきちんと出す
③ 全体にステッチをかける
0.3
① 見返しを表に返して整える
前見返し(表)
前身頃(裏)
② 裾はでき上がりに折る
0.3
① 見返しを表に返して整える

〈レインハット〉

1
① 縫って、割る
② もう1組作る
(裏)

2
縫って、割る
(裏)
(表)

縫い代を1cm幅の綿テープでかくすようにして両端を縫う(3本)
0.1　0.1
(裏)
(裏)

f サッカー地のジャケット

男の子用は前の打ち合いを
逆にして仕立てます。

Photo …… p.14
実物大パターン A 面

★寸法の表示は左から 100 / 110 / 120cm
　の順
《でき上がり寸法》
着丈 … 39.8 / 42.8 / 45.9cm
バスト … 67 / 71 / 75cm
袖丈 … 34.5 / 38.5 / 42.5cm

材料
綿のサッカー地 … 140cm幅 105 / 110 / 115cm
接着芯 … 40cm幅 20cm
ボタン … 直径1.7cm 2個（前身頃）、直径1.5cm
　4個（袖口）
バイアステープ（後ろ中心の始末用）… 0.5cm幅
　80cm（両折りタイプ）

作り方順序
【下準備】前後、脇身頃の脇と肩、袖の切り替えの縫い代にロックミシンをかける。表衿の裏面に接着芯を貼る。

1 前身頃と脇身頃を縫い合わせる。
2 ポケットを作り、1につける。
3 後ろ身頃の中心をバイアステープで始末してから縫い合わせ、ベンツあきを作る。
4 後ろ身頃と脇身頃を縫い合わせ、縫い代を割る。
5 肩を縫い、縫い代を割る。
6 衿を作り、身頃に仮止めする。
7 見返しを作り、身頃と縫い合わせる。
8 袖を作り、身頃と縫い合わせる。
9 裾を三つ折りにして縫い、続けて外まわりにミシンステッチをかける。
10 ボタンホールを作り、ボタンをつける。
　（袖口は飾りボタンです）

裁ち合わせ図

※指定以外の縫い代は1cm
※ ▨ は裏面に接着芯を貼る
※袖ぐりの縫い代のつけ方はp.48を参照
★後ろ身頃の中心側は縫い代が
　含まれているパターンです

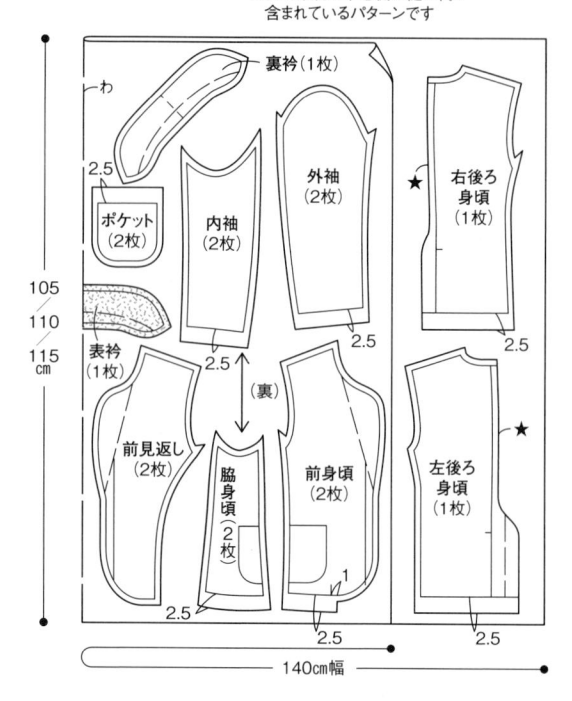

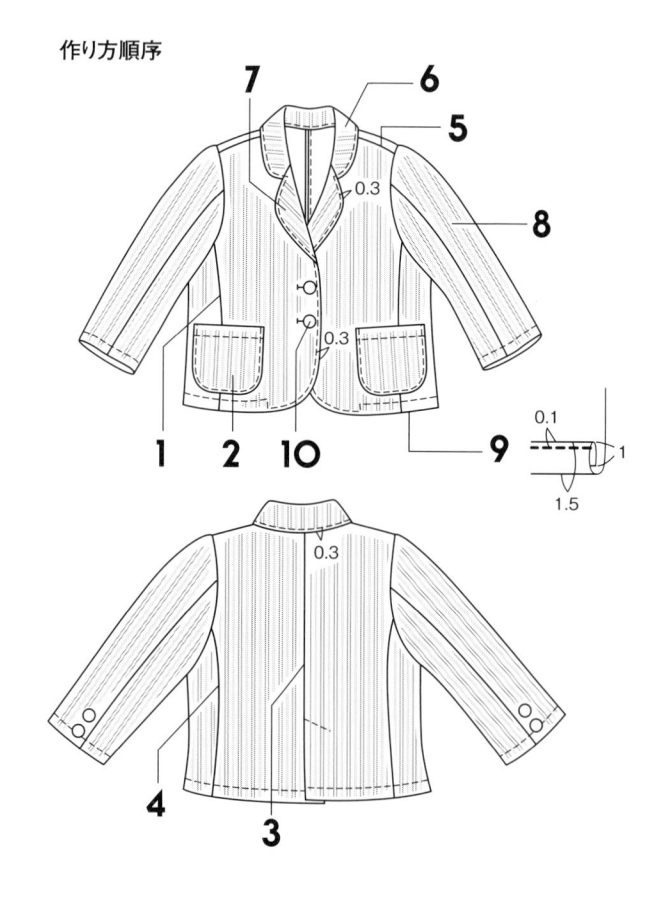

作り方順序

1

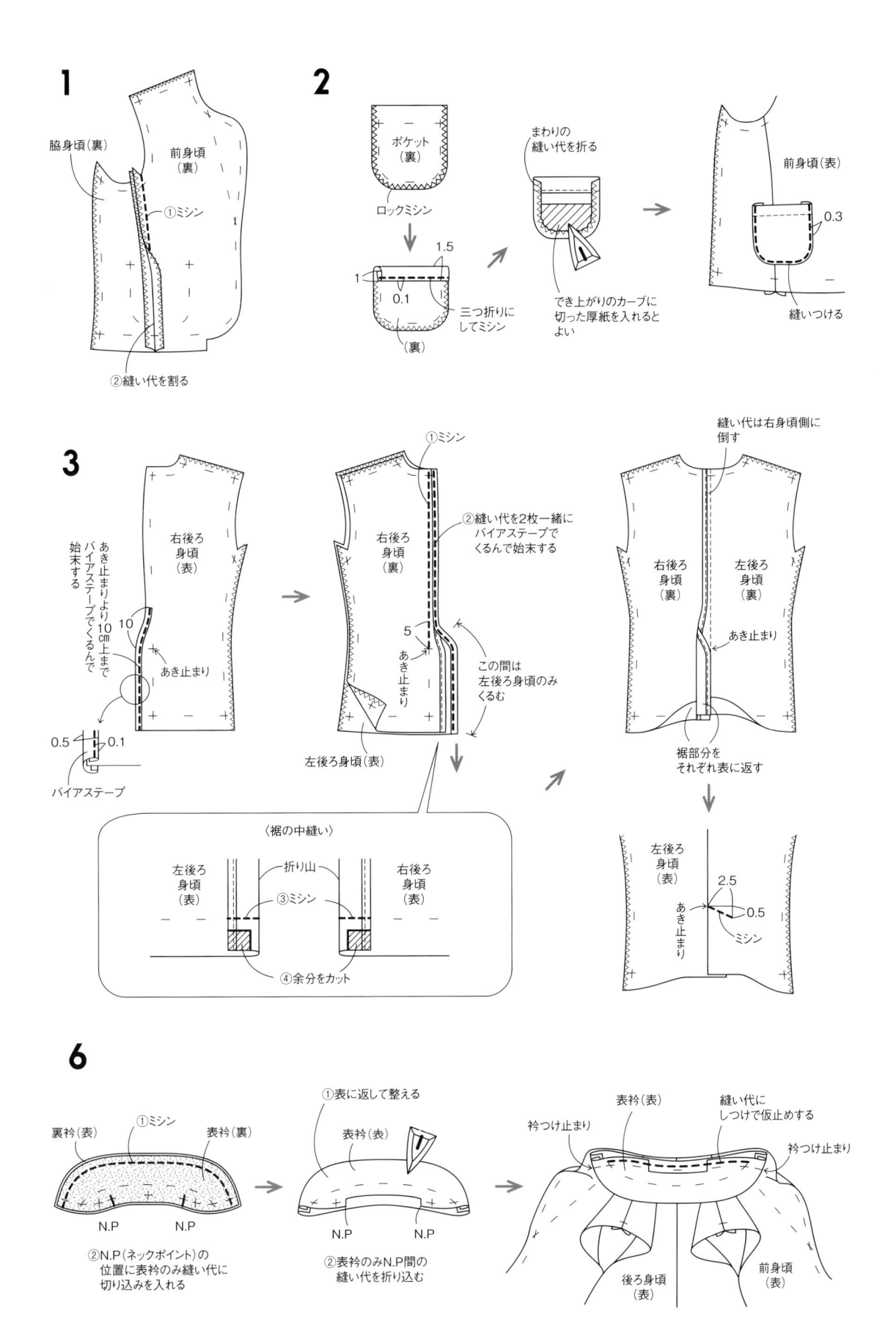

- 脇身頃（裏）
- 前身頃（裏）
- ①ミシン
- ②縫い代を割る

2

- ポケット（裏）
- ロックミシン
- 1.5
- 1
- 0.1
- 三つ折りにしてミシン
- （裏）
- まわりの縫い代を折る
- でき上がりのカーブに切った厚紙を入れるとよい
- 前身頃（表）
- 0.3
- 縫いつける

3

- あき止まりより10cm上までバイアステープでくるんで始末する
- 右後ろ身頃（表）
- 10
- あき止まり
- 0.5　0.1
- バイアステープ
- ①ミシン
- 右後ろ身頃（裏）
- ②縫い代を2枚一緒にバイアステープでくるんで始末する
- 5
- あき止まり
- この間は左後ろ身頃のみくるむ
- 左後ろ身頃（表）
- 縫い代は右身頃側に倒す
- 右後ろ身頃（裏）
- 左後ろ身頃（裏）
- あき止まり
- 裾部分をそれぞれ表に返す
- 左後ろ身頃（表）
- 2.5　0.5
- あき止まり
- ミシン

〈裾の中縫い〉
- 左後ろ身頃（表）
- 折り山
- ③ミシン
- 右後ろ身頃（表）
- ④余分をカット

6

- 裏衿（表）
- ①ミシン
- 表衿（裏）
- N.P　N.P
- ②N.P（ネックポイント）の位置に表衿のみ縫い代に切り込みを入れる
- ①表に返して整える
- 表衿（表）
- N.P　N.P
- ②表衿のみN.P間の縫い代を折り込む
- 衿つけ止まり
- 表衿（表）
- 縫い代にしつけで仮止めする
- 衿つけ止まり
- 後ろ身頃（表）
- 前身頃（表）

7

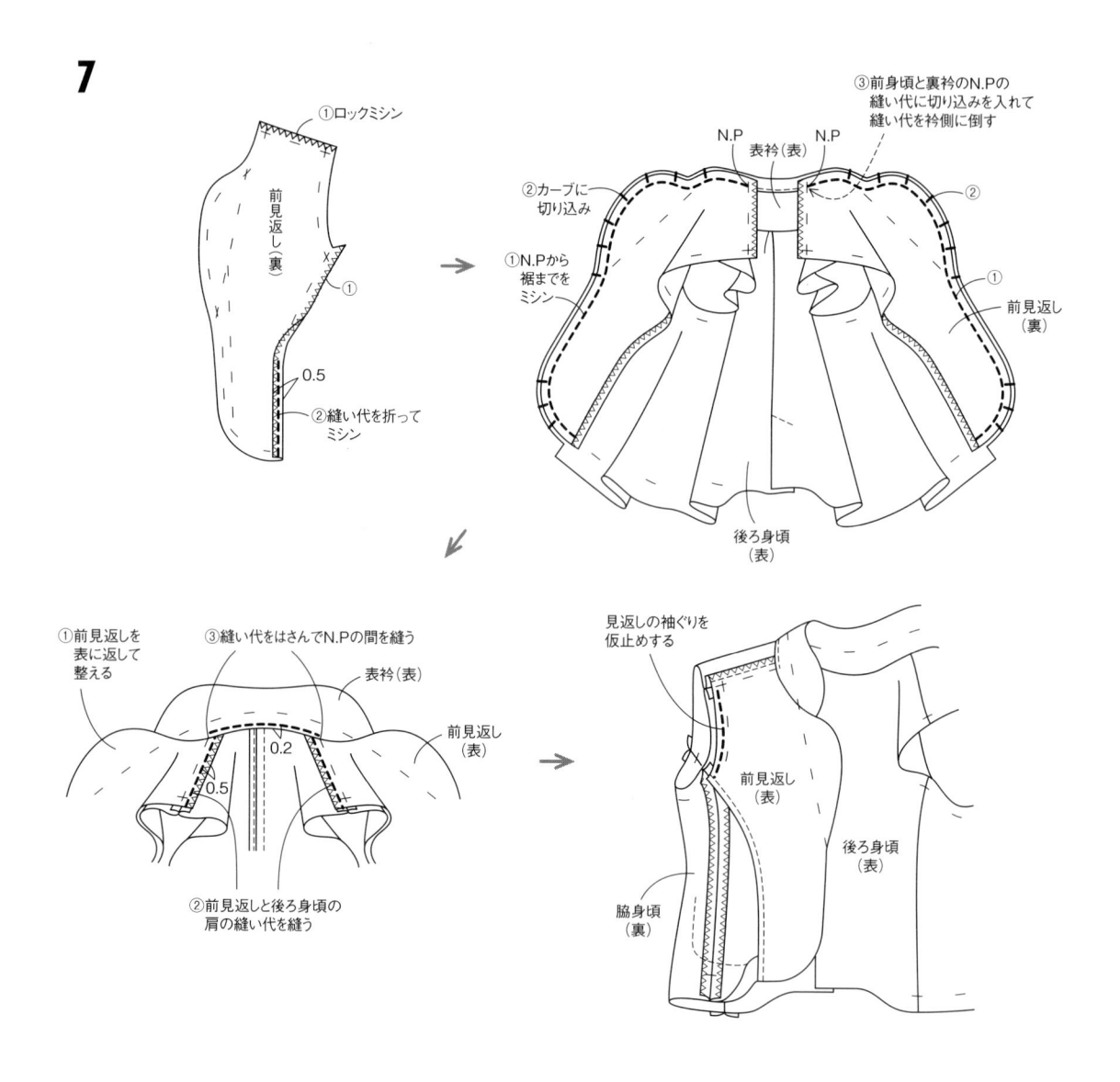

①ロックミシン
前見返し(裏)
②縫い代を折ってミシン
0.5

③前身頃と裏衿のN.Pの縫い代に切り込みを入れて縫い代を衿側に倒す
②カーブに切り込み
N.P 表衿(表) N.P
①N.Pから裾までをミシン
前見返し(裏)
後ろ身頃(表)

①前見返しを表に返して整える
③縫い代をはさんでN.Pの間を縫う
表衿(表)
前見返し(表)
0.5 0.2
②前見返しと後ろ身頃の肩の縫い代を縫う

見返しの袖ぐりを仮止めする
前見返し(表)
後ろ身頃(表)
脇身頃(裏)

8

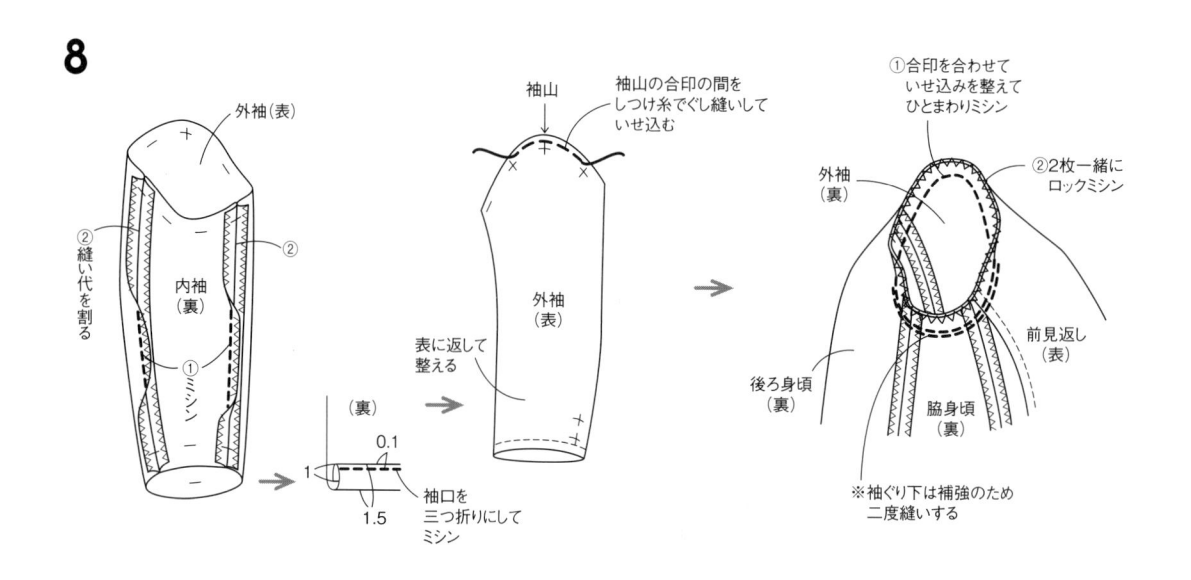

外袖(表)
②縫い代を割る
内袖(裏)
②
①ミシン

袖山
袖山の合印の間をしつけ糸でぐし縫いしていせ込む
外袖(表)
表に返して整える
(裏)
0.1
1
1.5
袖口を三つ折りにしてミシン

①合印を合わせていせ込みを整えてひとまわりミシン
外袖(裏)
②2枚一緒にロックミシン
前見返し(表)
後ろ身頃(裏)
脇身頃(裏)
※袖ぐり下は補強のため二度縫いする

58

h フレンチスリーブのブラウス

少ないパーツ数で
すぐ簡単に縫えます。

Photo …… p.16
実物大パターン A 面

★寸法の表示は左から 100／110／120㎝の順
《でき上がり寸法》
着丈…43／46／49㎝
バスト…88／93／98㎝
袖丈…14.5／15.5／16.5㎝

材料
綿プリント…110㎝幅105／110／120㎝
ゴムテープ…0.7㎝幅20／21／22㎝を2本（袖口用）、44／46／48㎝を1本（衿ぐり用）

作り方順序
1. 前後の袖ぐりを縫う。
2. 袖下から脇を続けて縫う。
3. 袖ぐりと衿ぐりを三つ折りにして縫い、ゴムテープを通す。
4. 裾の始末をする。

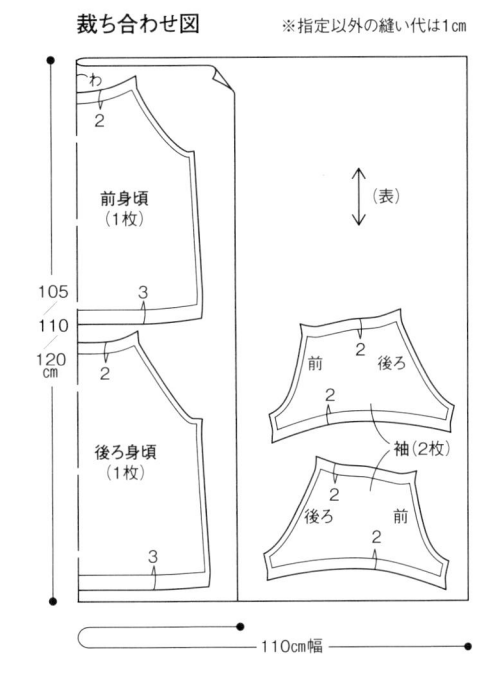

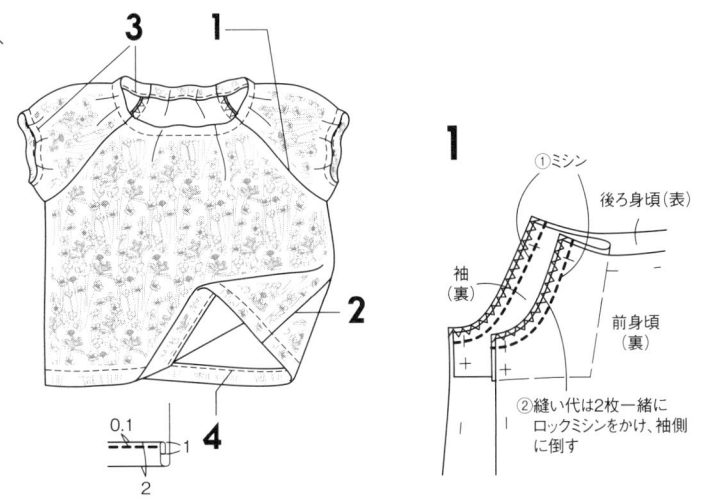

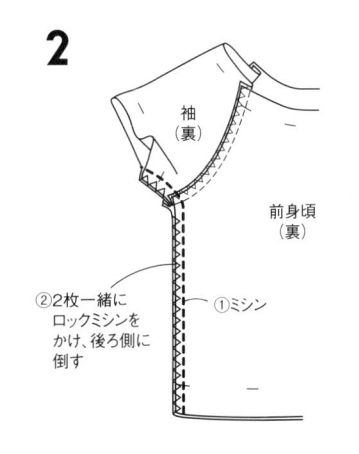

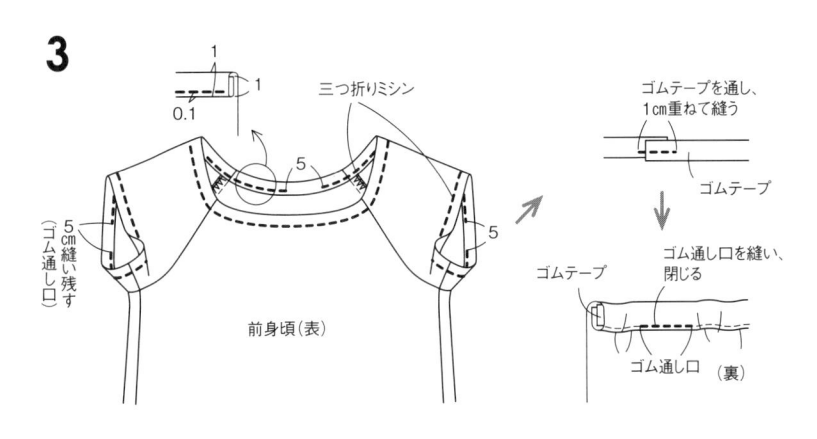

裁ち合わせ図　※指定以外の縫い代は1㎝

59

g 紺のコットンパンツ

布を替えるだけで
春用秋用どちらにでもはけるパンツです。

Photo …… p.14
実物大パターン A 面

★寸法の表示は左から 100 / 110 / 120cm の順

《でき上がり寸法》
ウエスト（ゴム上がり）… 43 / 45 / 47cm
脇丈… 38 / 42 / 46cm

材料

表布（綿ギャバジン）… 110cm幅 90 / 95 / 100cm
別布（スレキ）… 40cm幅 15cm
接着芯… 20 × 10cm
ボタン（飾り）… 直径1.5cm 1個
ゴムテープ… 2.5cm幅 44 / 46 / 48cm

作り方順序

1. 右後ろパンツに玉縁ポケットを作る。
2. 前後の股ぐりを縫う（p.69 の 1 参照）。
3. 両脇を縫い、左右の股下を続けて縫う（p.69 の 2 参照）。
   ★ゴム通し口は2.5cm縫い残して作る。
4. 裾を三つ折りにして縫う。
5. ウエストを三つ折りにして縫い、ゴムテープを通す。
6. 左前パンツに飾りボタンをつける。

裁ち合わせ図

※指定以外の縫い代は1cm
※ は裏面に接着芯を貼る

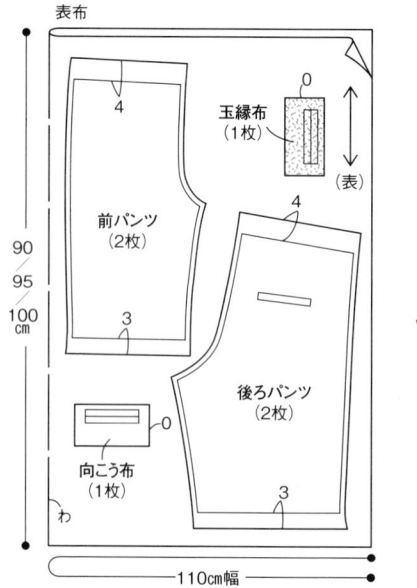

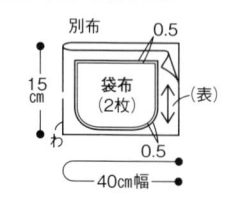

〈ポケット口の接着芯〉
ポケット口のまわりに貼る

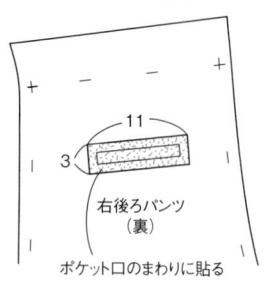

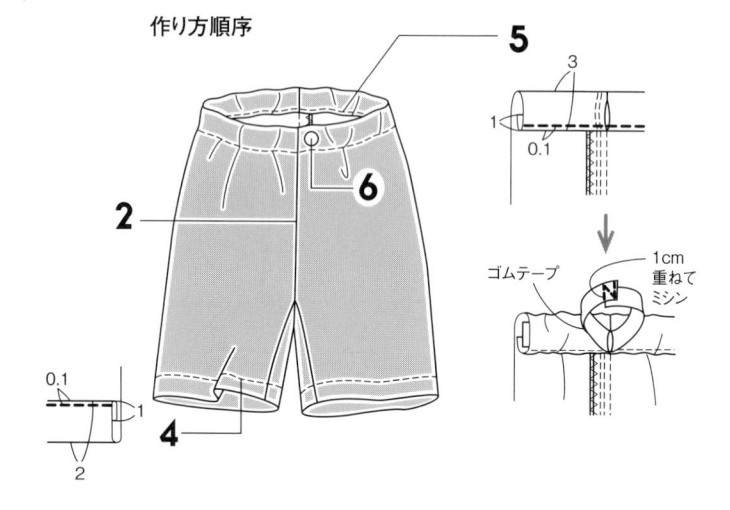

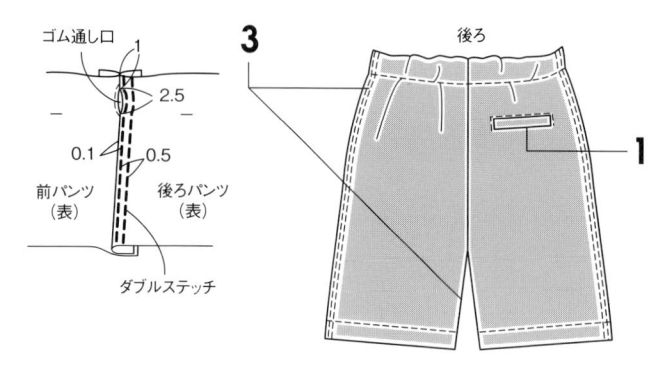

1 〈玉縁布をつける〉

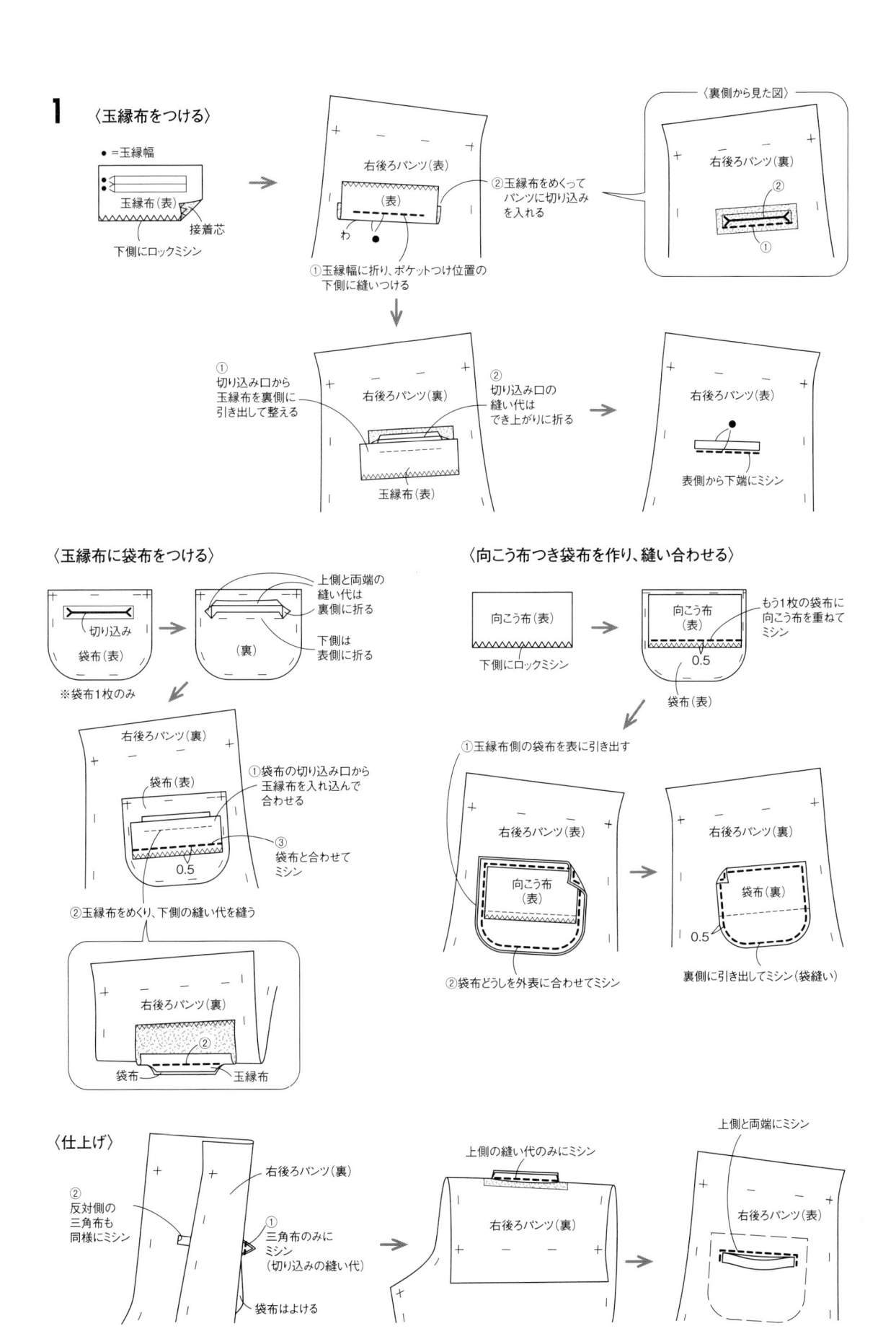

- ● = 玉縁幅

玉縁布（表）／接着芯／下側にロックミシン

① 玉縁幅に折り、ポケットつけ位置の下側に縫いつける

右後ろパンツ（表）／わ

② 玉縁布をめくってパンツに切り込みを入れる

〈裏側から見た図〉
右後ろパンツ（裏）

① 切り込み口から玉縁布を裏側に引き出して整える

② 切り込み口の縫い代はでき上がりに折る

右後ろパンツ（裏）／玉縁布（表）

右後ろパンツ（表）／表側から下端にミシン

〈玉縁布に袋布をつける〉

切り込み／袋布（表）

上側と両端の縫い代は裏側に折る
下側は表側に折る
（裏）

※袋布1枚のみ

右後ろパンツ（裏）／袋布（表）

① 袋布の切り込み口から玉縁布を入れ込んで合わせる
③ 袋布と合わせてミシン
0.5

② 玉縁布をめくり、下側の縫い代を縫う

右後ろパンツ（裏）／袋布／玉縁布／②

〈向こう布つき袋布を作り、縫い合わせる〉

向こう布（表）／下側にロックミシン

向こう布（表）／もう1枚の袋布に向こう布を重ねてミシン／0.5／袋布（表）

① 玉縁布側の袋布を表に引き出す

右後ろパンツ（表）／向こう布（表）

② 袋布どうしを外表に合わせてミシン

右後ろパンツ（裏）／袋布（裏）／0.5／裏側に引き出してミシン（袋縫い）

〈仕上げ〉

右後ろパンツ（裏）
② 反対側の三角布も同様にミシン
① 三角布のみにミシン（切り込みの縫い代）
袋布はよける

上側の縫い代のみにミシン
右後ろパンツ（裏）

上側と両端にミシン
右後ろパンツ（表）

i 肩ひものサンドレス

直線縫いだけでできる夏の1枚。
首にもひもを回してあるので、
肩ひもが落ちても安心。

Photo …… p.19

★寸法の表示は左から100／110／120cmの順
《でき上がり寸法》
着丈（身頃丈）…49.6／55.6／61.6cm
バスト（シャーリングゴム上がり）…46／50／54cm

材料

綿ストライプ…110cm幅120／130cm（100／110）
120cm幅以上の布幅で135cm（120cm）
ゴムカタン糸（シャーリング用）…適宜

★120cmサイズは下身頃が布幅に入らないため、120cm幅以上の生地をお使いください。

作り方順序

【下準備】上身頃と下身頃の左脇の縫い代にロックミシンをかける。

1. 上身頃の左脇を縫って縫い代を割り、上端を三つ折りにして縫う。
2. 下身頃の左脇を縫って縫い代を割り、裾を三つ折りにして縫う。
3. 下身頃の上端にギャザーを寄せ、上身頃と縫い合わせる（p.79の4と6参照）。
4. 上身頃にゴムシャーリングをする。
5. 肩ひもを作り、上身頃につける。

★ゴムシャーリングはミシンの下糸にゴムカタン糸を巻いて縫います。
★肩ひものつけ位置は目安ですので、お子さんの体に合わせて調節してください。

裁ち合わせ図　※指定以外の縫い代は1cm

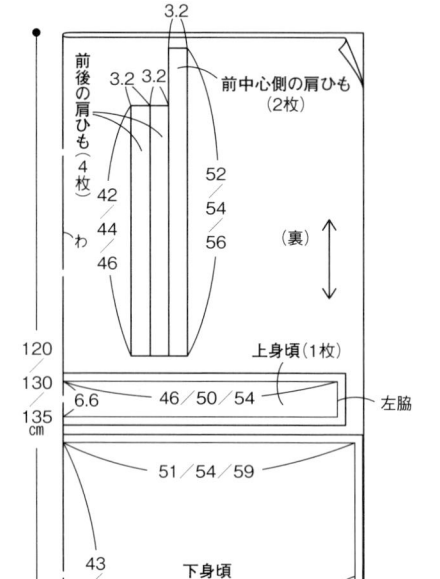

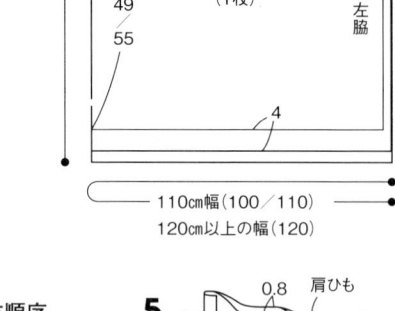

〈肩ひものつけ位置と合印〉

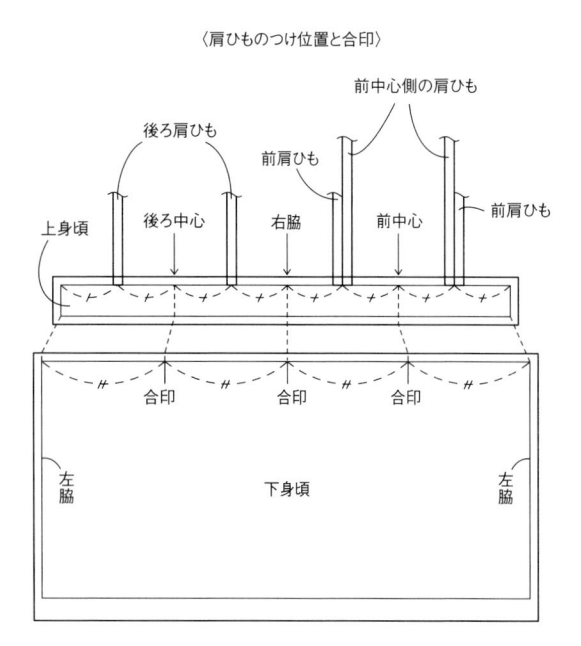

作り方順序

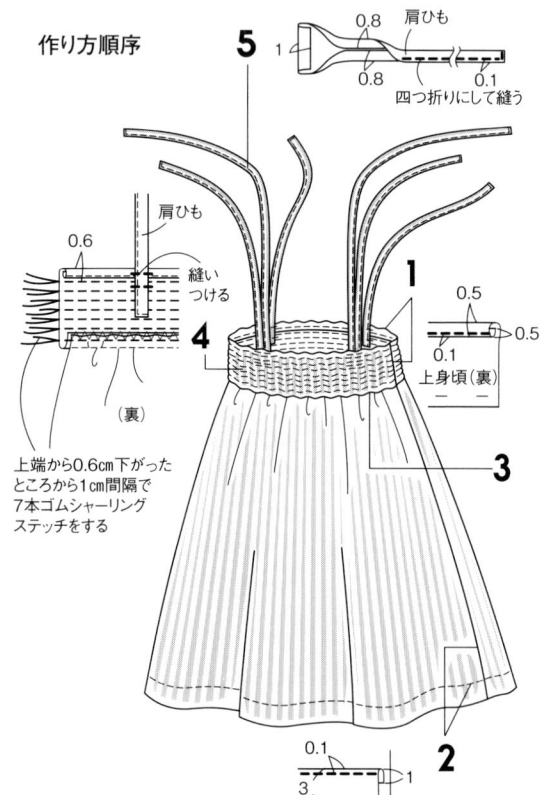

上端から0.6cm下がったところから1cm間隔で7本ゴムシャーリングステッチをする

四つ折りにして縫う

r ヘアバンド

針金を芯にしているので、形は自由自在に。
うさぎの耳は花柄よりも長く作ります。

Photo …… p.40, 41

《でき上がり寸法》
花柄 … 4.5cm幅 69cm
うさぎの耳 … 4.5cm幅 81cm

材料
●花柄
綿プリント … 20cm幅 75cm
●うさぎの耳
ビロード … 20cm幅 90cm
綿プリント（耳用）… 10cm幅 10cm
●共通
手芸用ソフトワイヤー … 適宜
フローラテープ … 適宜

作り方順序
1 本体2枚を縫い合わせる。
2 ワイヤーを入れて、返し口をとじる。

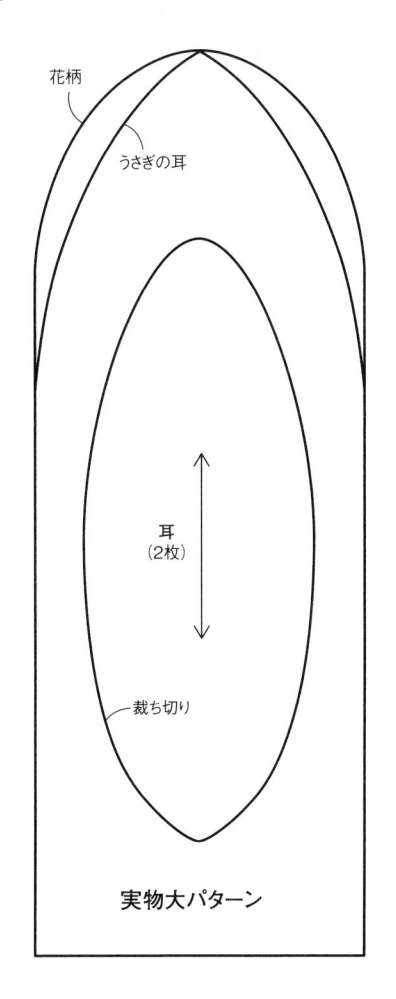

裁ち合わせ図
※縫い代は1cm
※□は実物大パターン

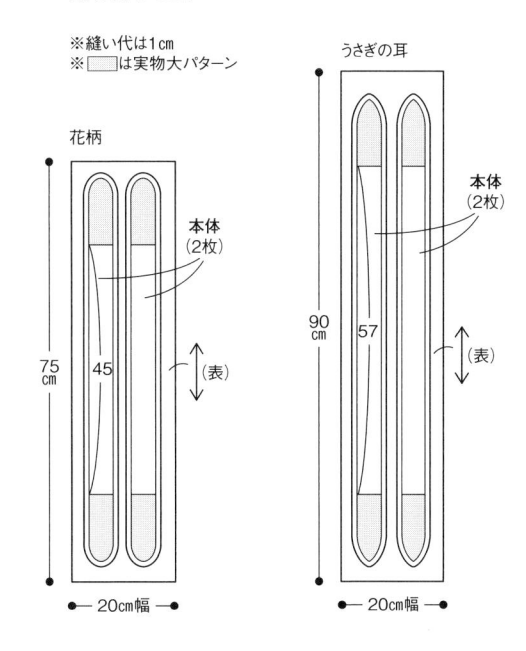

花柄：本体（2枚）20cm幅 75cm（45）
うさぎの耳：本体（2枚）20cm幅 90cm（57）

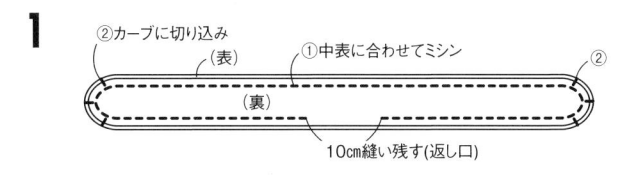

1
①中表に合わせてミシン
②カーブに切り込み
10cm縫い残す（返し口）

2
①表に返して整える
②本体の外まわりに合わせてワイヤーを形作り、中に入れる
※ワイヤーの接ぎ目は重ねて、フローラテープでとめる

0.7
②中のワイヤーがずれないように手縫い
①返し口をまつる

うさぎは耳の布をまつりつけた後、1から縫い始める

実物大パターン
花柄
うさぎの耳
耳（2枚）
裁ち切り

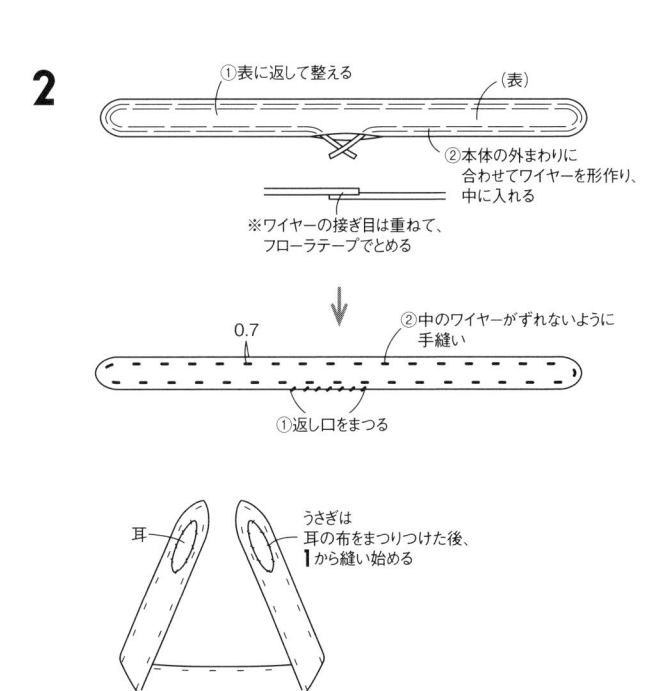

コーデュロイのジャンパースカート

毛並みがあるので裁断もアイロンも一方方向に扱います。

Photo …… p.26
実物大パターン A 面

★寸法の表示は左から 100 ／ 110 ／ 120 ㎝ の順
《でき上がり寸法》
着丈 … 59.8 ／ 64.8 ／ 70.3 ㎝
バスト … 64 ／ 68 ／ 72 ㎝

材料
表布（綿コーデュロイ）… 110 ㎝幅 115 ／ 120 ／ 125 ㎝
別布（綿・無地）… 110 ㎝幅 75 ／ 80 ／ 85 ㎝
接着芯 … 90 ㎝幅 75 ／ 80 ／ 85 ㎝
ボタン … 直径 1.8 ㎝ 4 個

作り方順序
【下準備】前見返しと後ろ見返しの裏面に接着芯を貼る。肩と脇の縫い代にロックミシンをかける。
1. 両脇を縫い、縫い代を割る。
2. ポケットを作り、身頃につける。
3. 両肩を縫い、縫い代を割る。
4. 見返しを作り、身頃につける。
5. 裾の始末をする。
6. 袖ぐりをバイアス布で始末する。
7. ボタンホールを作り、ボタンをつける。

裁ち合わせ図

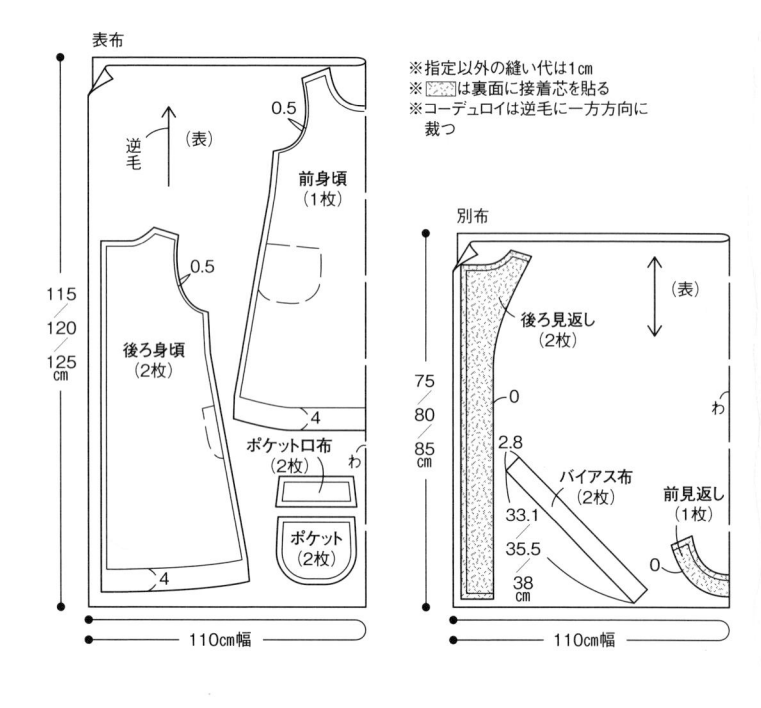

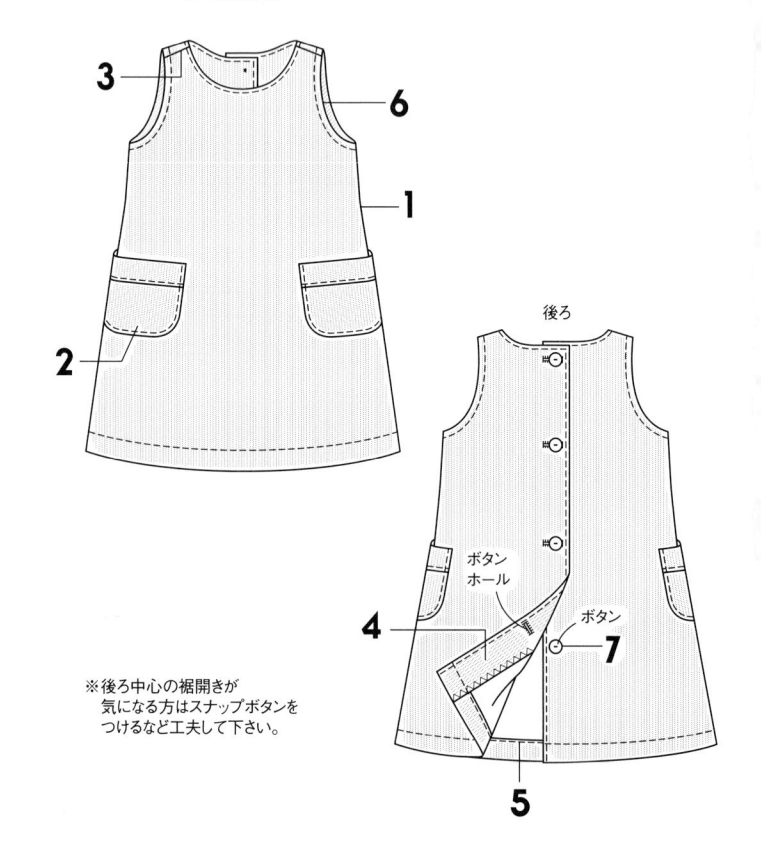

※指定以外の縫い代は1㎝
※ は裏面に接着芯を貼る
※コーデュロイは逆毛に一方方向に裁つ

作り方順序

※後ろ中心の裾開きが気になる方はスナップボタンをつけるなど工夫して下さい。

2

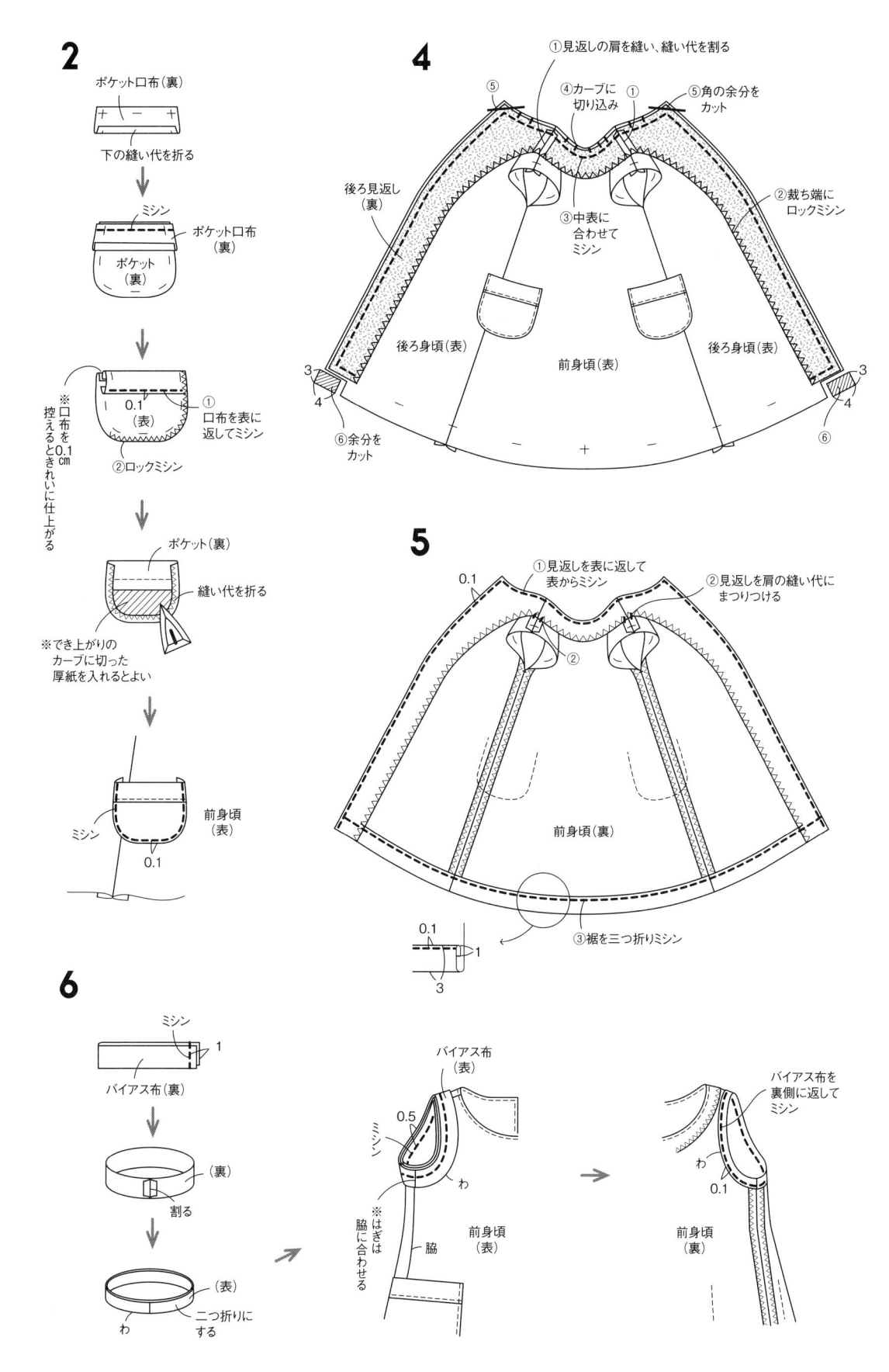

ポケット口布(裏)

下の縫い代を折る

ミシン
ポケット口布(裏)
ポケット(裏)

※口布を0.1cm控えるときれいに仕上がる

①口布を表に返してミシン
②ロックミシン
0.1
(表)

ポケット(裏)
縫い代を折る

※でき上がりのカーブに切った厚紙を入れるとよい

ミシン
前身頃(表)
0.1

4

①見返しの肩を縫い、縫い代を割る
⑤
④カーブに切り込み
①
⑤角の余分をカット
後ろ見返し(裏)
③中表に合わせてミシン
②裁ち端にロックミシン
後ろ身頃(表)
前身頃(表)
後ろ身頃(表)
3
4
3
4
⑥余分をカット
⑥

5

0.1
①見返しを表に返して表からミシン
②見返しを肩の縫い代にまつりつける
②
前身頃(裏)
③裾を三つ折りミシン
0.1
1
3

6

ミシン
1
バイアス布(裏)
(裏)
割る
(表)
わ
二つ折りにする

バイアス布(表)
0.5
ミシン
※はぎは脇に合わせる
脇
前身頃(表)

バイアス布を裏側に返してミシン
わ
0.1
前身頃(裏)

m 日曜日の黒いドレス

ベロアはちょっと上級者向け。
やわらかいコットンのプリントなど
他の素材でもOKです。

Photo …… p.28
実物大パターンB面

★寸法の表示は左から100／110／120㎝
　の順
《でき上がり寸法》
着丈…53.6／59.7／65.8㎝
バスト…65／69／73㎝
袖丈…15.5／17／18.5㎝

材料

表布（黒のベロア）…135㎝幅90／95／
　100㎝
別布（白の綿）…65㎝幅20㎝
裏布…90㎝幅130／135／140㎝
接着芯…35㎝幅20㎝
ボタン…直径1㎝1個
ひも（ループ用）…太さ0.3㎝を5㎝

作り方順序

【下準備】身頃の肩と脇、スカートの脇、袖
下の縫い代にロックミシンをかける。
1　肩と脇を縫い、縫い代を割る。
2　スカートの脇を縫い、縫い代を割る。
3　スカートにギャザーを寄せ、身頃と縫い
　　合わせる。
4　裾の始末をする。
5　衿を作る。
6　裏身頃を作る。
7　衿とループをはさんで、身頃と裏身頃を
　　合わせて衿ぐりを縫う。
8　袖を作り、身頃につける。
9　ボタンをつける。
10　内側の脇を糸ループでつなげる。
★裏つきにすると着心地がよくなるだけで
なく、シルエットもきれいです。

裁ち合わせ図

※指定以外の縫い代は1㎝
※▨は裏面に接着芯を貼る
※ベロアは逆毛に一方向に裁つ

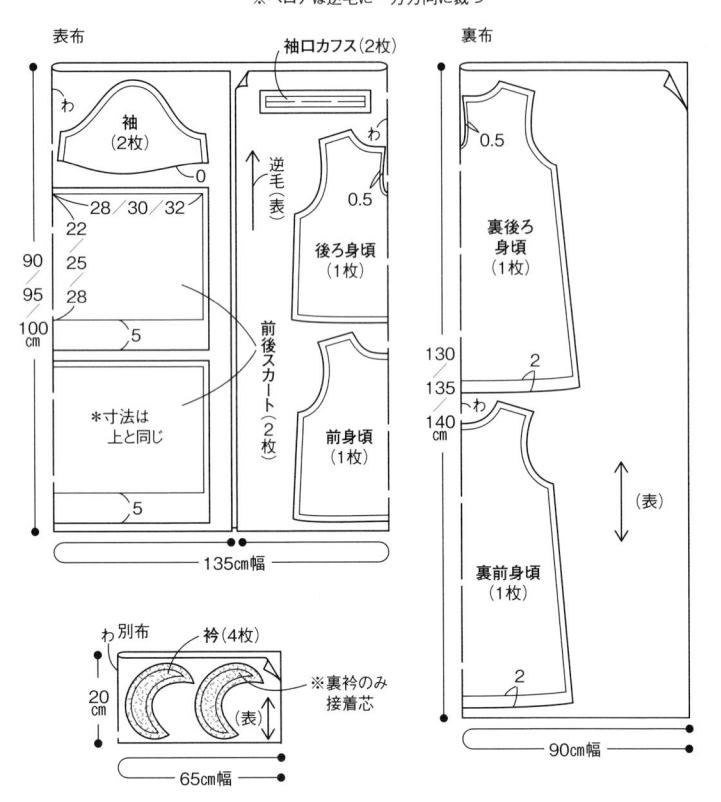

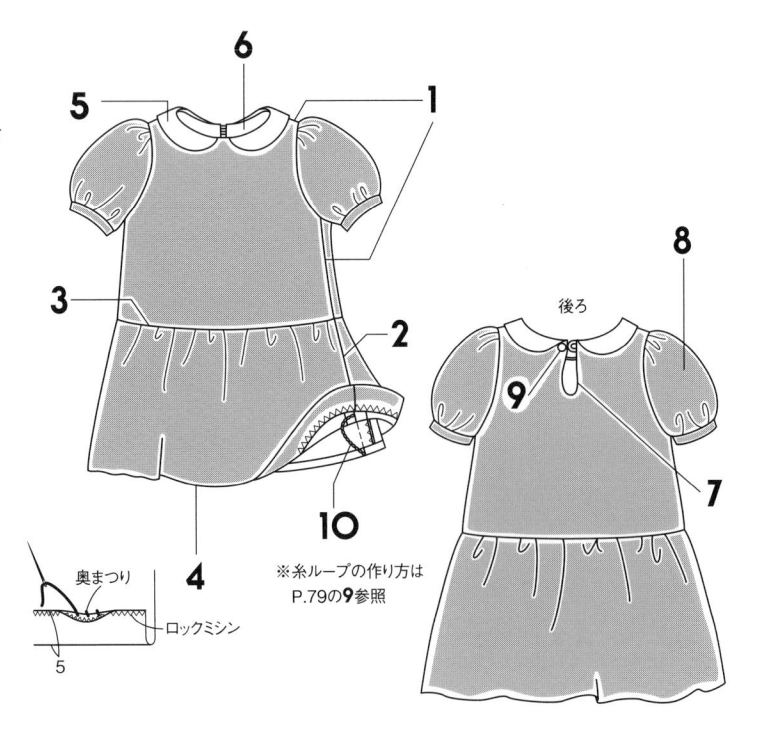

作り方順序

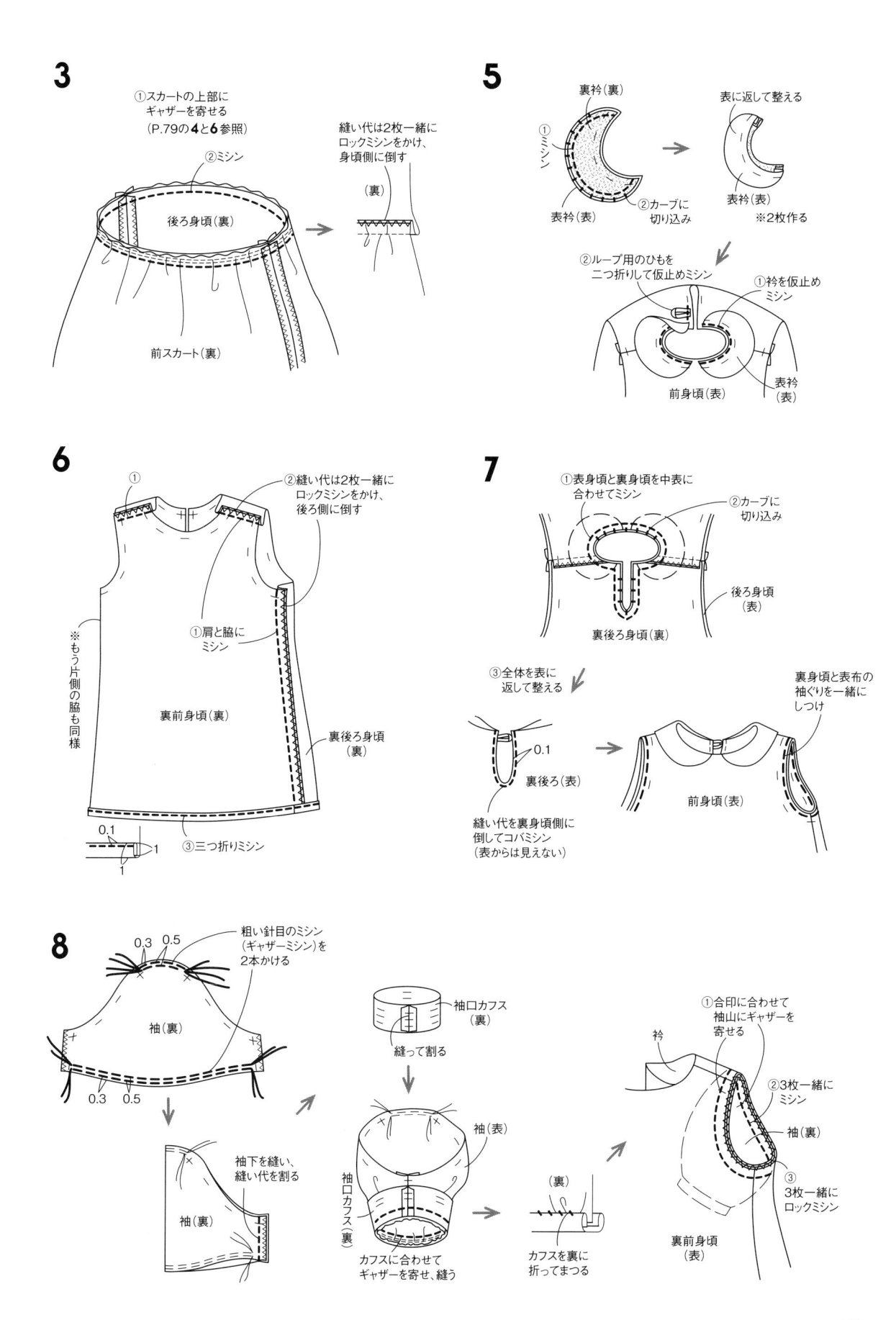

3

①スカートの上部にギャザーを寄せる（P.79の**4**と**6**参照）
②ミシン
後ろ身頃（裏）
前スカート（裏）
縫い代は2枚一緒にロックミシンをかけ、身頃側に倒す
（裏）

5

裏衿（裏）
①ミシン
表衿（表）
②カーブに切り込み
表に返して整える
表衿（表）
※2枚作る

②ループ用のひもを二つ折りして仮止めミシン
①衿を仮止めミシン
前身頃（表）
表衿（表）

6

①肩と脇にミシン
②縫い代は2枚一緒にロックミシンをかけ、後ろ側に倒す
※もう片側の脇も同様
裏前身頃（裏）
裏後ろ身頃（裏）
③三つ折りミシン
0.1
1

7

①表身頃と裏身頃を中表に合わせてミシン
②カーブに切り込み
後ろ身頃（表）
裏後ろ身頃（裏）

③全体を表に返して整える
0.1
裏後ろ（表）
縫い代を裏身頃側に倒してコバミシン（表からは見えない）

裏身頃と表布の袖ぐりを一緒にしつけ
前身頃（表）

8

粗い針目のミシン（ギャザーミシン）を2本かける
0.3　0.5
袖（裏）
0.3　0.5

袖下を縫い、縫い代を割る
袖（裏）

袖口カフス（裏）
縫って割る

袖（表）
袖口カフス（裏）
カフスに合わせてギャザーを寄せ、縫う

（裏）
カフスを裏に折ってまつる

衿
①合印に合わせて袖山にギャザーを寄せる
②3枚一緒にミシン
袖（裏）
③3枚一緒にロックミシン
裏前身頃（表）

n パジャマ

リネンを使っていますが、
もちろんコットンでも。

Photo …… p.30, 31
実物大パターンB面

★寸法の表示は左から 100 / 110 / 120cm の順
《でき上がり寸法》
●上着
着丈…64 / 69 / 74.5cm
バスト…86 / 91 / 96cm
●パンツ
ウエスト（ゴム上がり）…49 / 51 / 53cm
脇丈…46 / 52 / 58cm

材料

ストライプリネン…150cm幅 195 / 200 / 210cm
接着芯…4×2.5cmを1枚
ゴムテープ…0.8cm幅 50 / 52 / 54cm

作り方順序

●上着
1 前後の袖ぐりを縫う（p.59の1参照）。
2 袖下から脇を続けて縫う（p.59の2参照）。
3 前身頃にひも通し口を作る。
4 衿ぐり見返しを作り、身頃につける。
5 袖口の始末をする。
6 裾の始末をする。
7 ひもを作り、衿ぐりに通す。

●パンツ
1 前後の股ぐりを縫う。
2 両脇を縫い、左右の股下を続けて縫う。
3 裾の始末をする。
4 ウエストを三つ折りにして縫い、ゴムテープを通す。

裁ち合わせ図　　※指定以外の縫い代は1cm

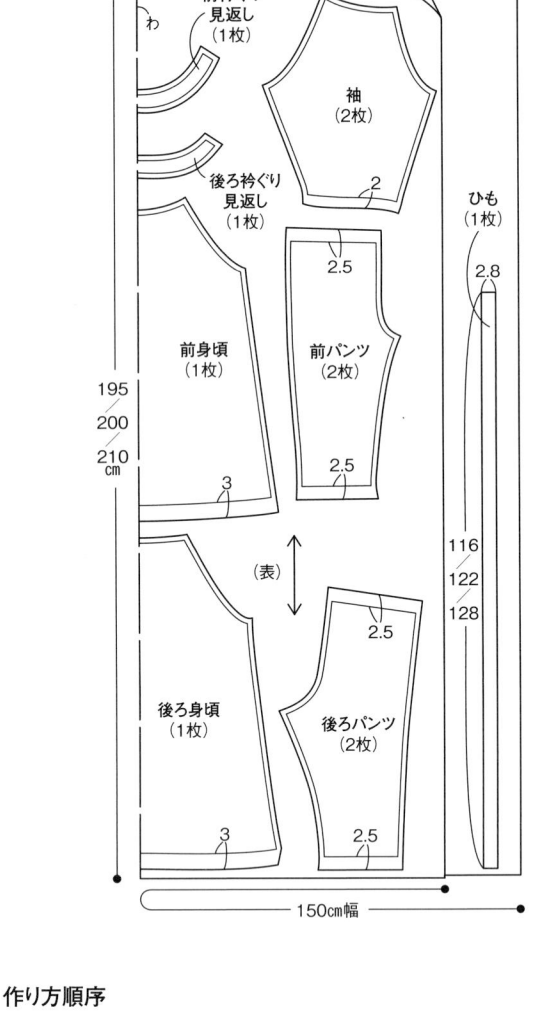

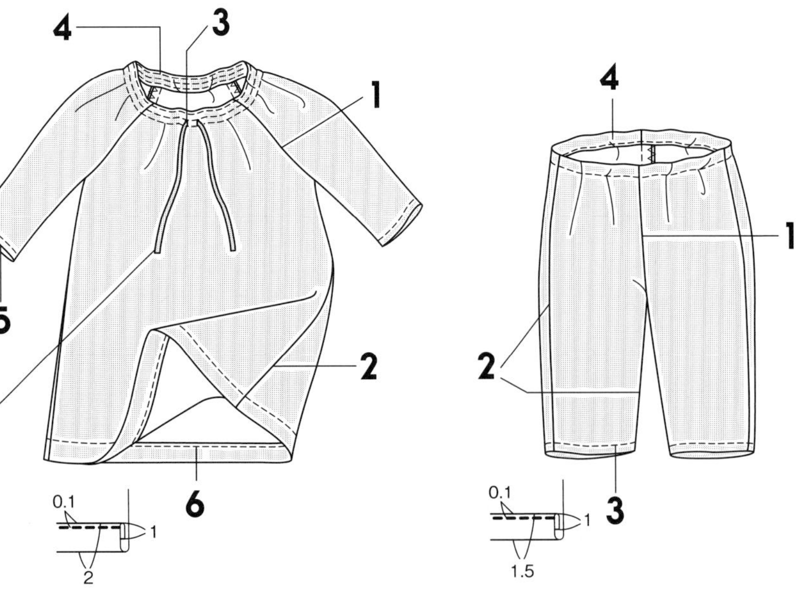

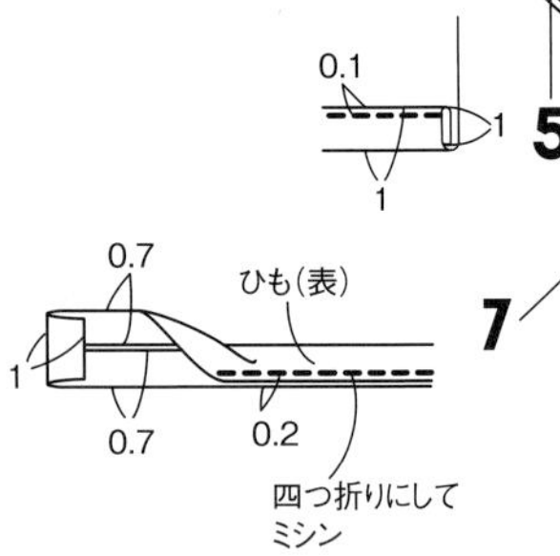

〈上着〉

3

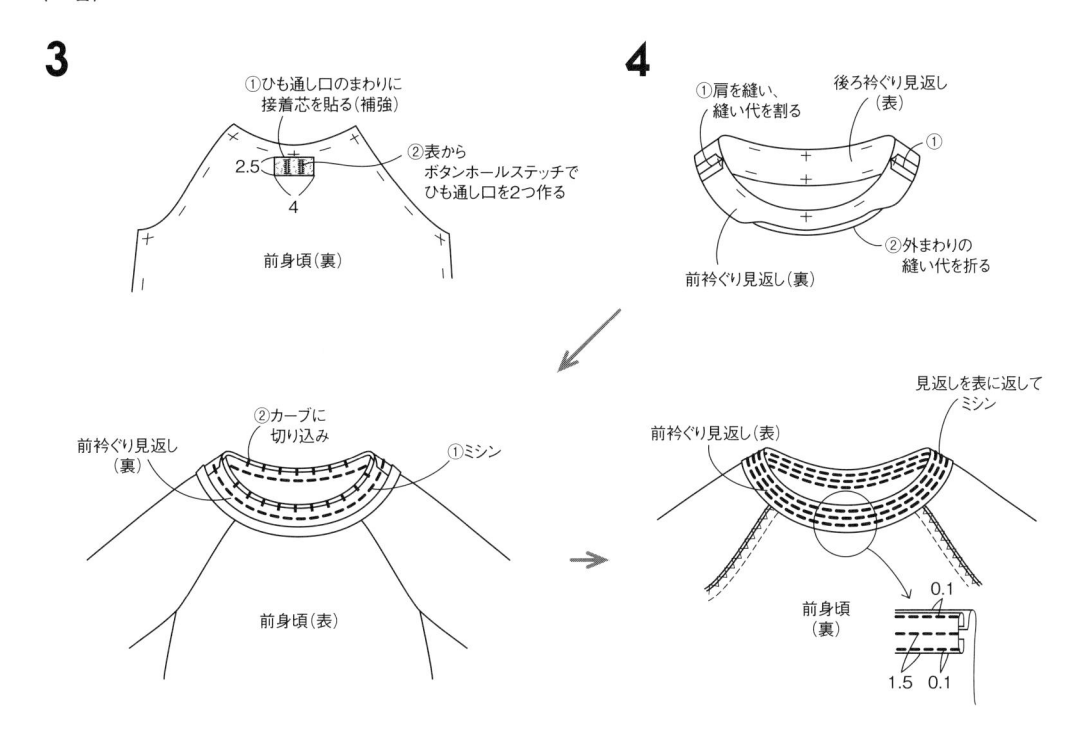

①ひも通し口のまわりに接着芯を貼る(補強)
②表からボタンホールステッチでひも通し口を2つ作る
2.5
4
前身頃(裏)

4

①肩を縫い、縫い代を割る
後ろ衿ぐり見返し(表)
②外まわりの縫い代を折る
前衿ぐり見返し(裏)

前衿ぐり見返し(裏)
②カーブに切り込み
①ミシン
前身頃(表)

見返しを表に返してミシン
前衿ぐり見返し(表)
前身頃(裏)
0.1
1.5　0.1

〈パンツ〉

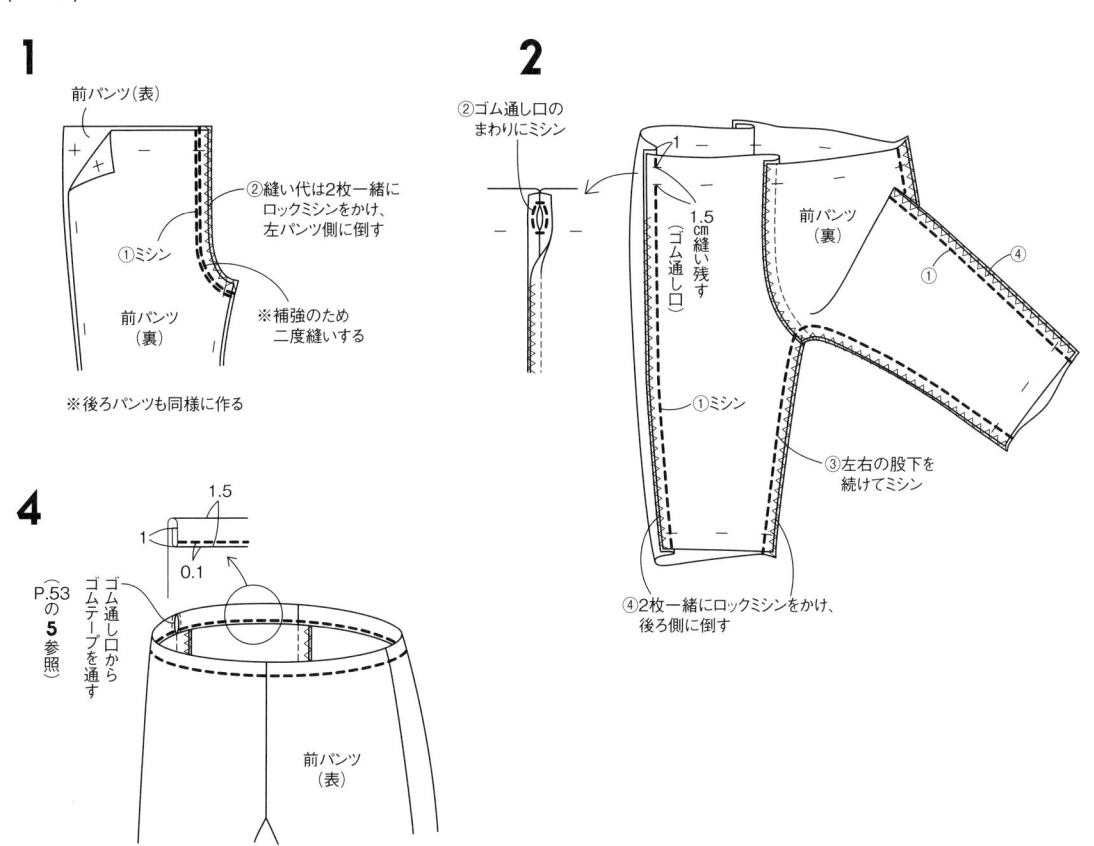

1

前パンツ(表)
②縫い代は2枚一緒にロックミシンをかけ、左パンツ側に倒す
①ミシン
前パンツ(裏)
※補強のため二度縫いする
※後ろパンツも同様に作る

2

②ゴム通し口のまわりにミシン
1
1.5cm縫い残す(ゴム通し)
前パンツ(裏)
①ミシン
①
④
③左右の股下を続けてミシン
④2枚一緒にロックミシンをかけ、後ろ側に倒す

4

1.5
1
0.1
ゴム通し口からゴムテープを通す(P.53の**5**参照)
前パンツ(表)

69

p デニムのスカート

縞、柄、カラーデニム……
しっかりした木綿の生地なら
同じように縫えます。

Photo …… p.36
実物大パターン B面

★寸法の表示は左から 100／110／120㎝の順
《でき上がり寸法》
スカート丈（ベルト分含む）…29.3／32.8／36.3㎝
ウエスト（ゴム上がり）…51／53／55㎝

材料
デニム…110㎝幅 85／90／95㎝
接着芯（前ベルト分）…20㎝幅 30㎝
ボタンホールつきゴムテープ…2㎝幅 30㎝
ボタン…直径1.1㎝ 2個（後ろ） 直径1.5㎝ 1個（前）

作り方順序
【下準備】右前ベルトと左前ベルトの裏面に接着芯を貼る。
1 ポケットを作り、後ろスカートにつける。
2 前スカートと後ろスカートの中心を縫う。
3 両脇を縫う。縫い代は2枚一緒にロックミシンで始末し、後ろ側に倒してステッチをかける。
4 裾を三つ折りにし、ダブルステッチをかける。
5 ベルトを作り、スカートにつける。
6 後ろベルトにボタンホールつきゴムテープを通し、両脇にボタンをつける。右前ベルトに飾りボタンをつける。

※指定以外の縫い代は1㎝
※░は裏面に接着芯を貼る
※裾の縫い代のつけ方はp.48参照

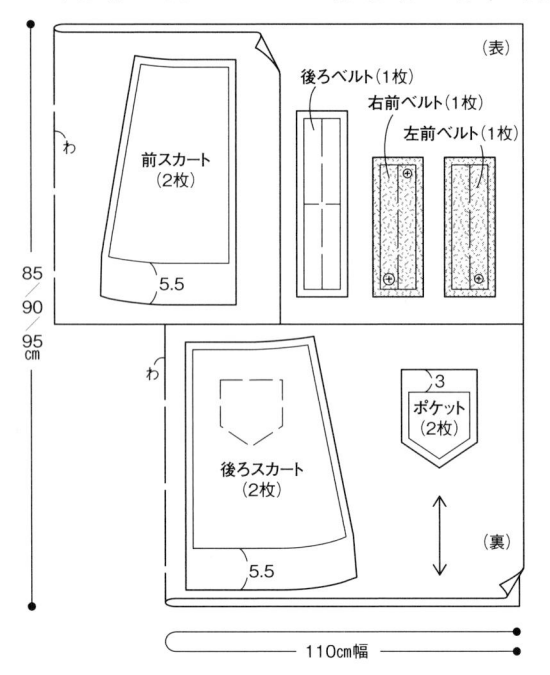

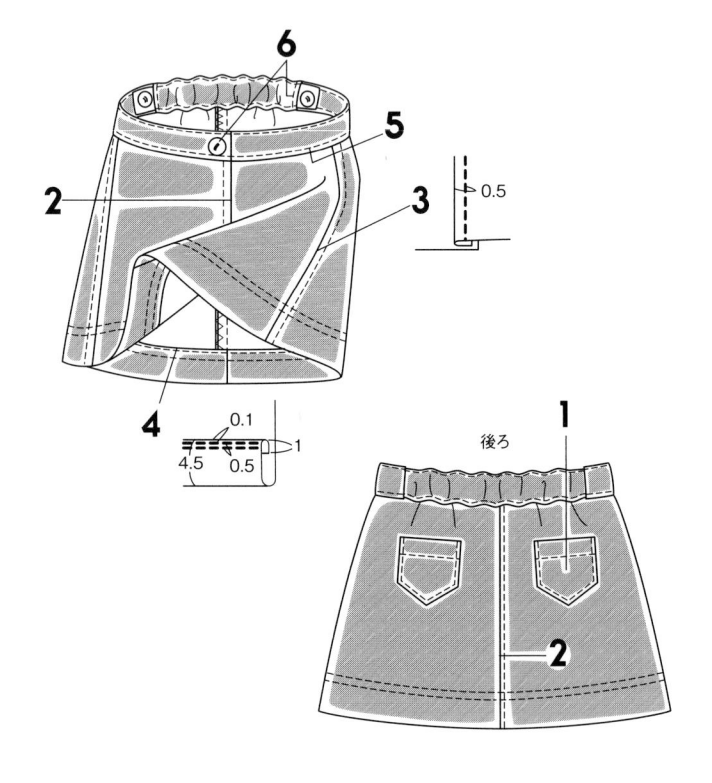

裁ち合わせ図

作り方順序

1

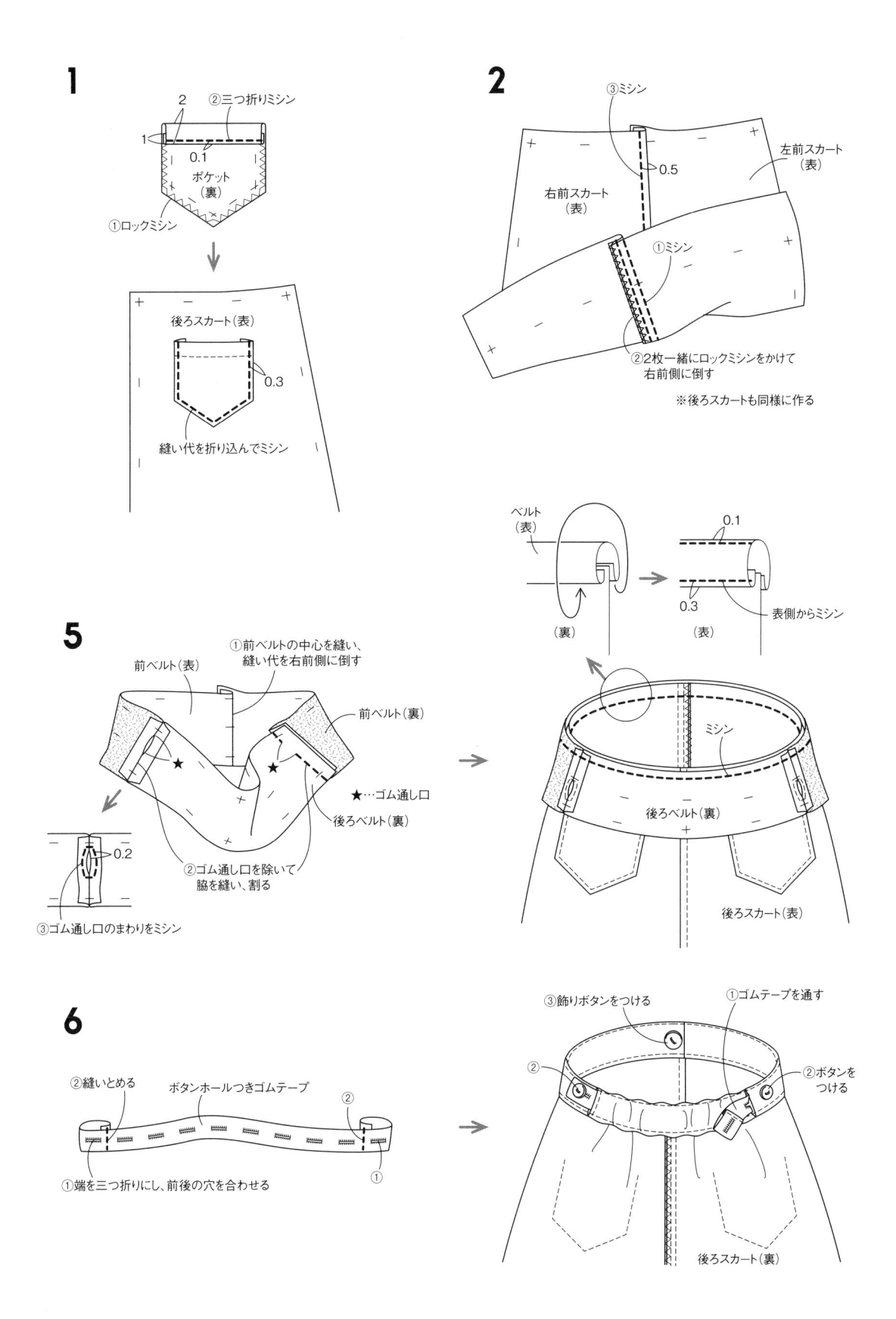

- ①ロックミシン
- ②三つ折りミシン
- 2
- 1
- 0.1
- ポケット(裏)
- 後ろスカート(表)
- 0.3
- 縫い代を折り込んでミシン

2

- ③ミシン
- 0.5
- 左前スカート(表)
- 右前スカート(表)
- ①ミシン
- ②2枚一緒にロックミシンをかけて右前側に倒す
- ※後ろスカートも同様に作る

ベルト(表)
0.1
0.3
(裏) (表) 表側からミシン

5

- ①前ベルトの中心を縫い、縫い代を右前側に倒す
- 前ベルト(表)
- 前ベルト(裏)
- ★…ゴム通し口
- 後ろベルト(裏)
- ②ゴム通し口を除いて脇を縫い、割る
- 0.2
- ③ゴム通し口のまわりをミシン
- ミシン
- 後ろベルト(裏)
- 後ろスカート(表)

6

- ②縫いとめる
- ボタンホールつきゴムテープ
- ②
- ①端を三つ折りにし、前後の穴を合わせる
- ③飾りボタンをつける
- ①ゴムテープを通す
- ②ボタンをつける
- 後ろスカート(裏)

q 白いシャツ

大人ものの既製服と同じくらい、きちんと仕立てたシャツです。

Photo …… p.37
実物大パターンB面

★寸法の表示は左から100／110／120㎝の順
《でき上がり寸法》
着丈…45.4／48.5／51.6㎝
バスト…75.5／79.5／83.5㎝
袖丈…36／40／44㎝

材料
綿…110㎝幅120／125／130㎝
接着芯…90㎝幅50㎝
ボタン…直径1㎝ 8個

作り方順序
【下準備】台衿と上衿、袖口カフスの裏面に接着芯を貼る。

1. 前身頃の見返し部分を三つ折りにして縫う。
2. ポケットを作り、左前身頃につける。
3. 後ろ身頃のタックをたたみ、ヨークと縫い合わせる。
4. 前身頃とヨークを縫い合わせる。
5. 袖の短冊あきを作る。
6. 身頃に袖をつける。
7. 袖下から脇を続けて縫う。
8. 裾を三つ折りにして縫う。
9. 衿を作り、身頃につける。
10. 袖口カフスを作り、袖につける。
11. ボタンホールを作り、ボタンをつける。

裁ち合わせ図
※指定以外の縫い代は1㎝
※ は裏面に接着芯を貼る
＊上衿は表側の1枚のみに接着芯を貼る

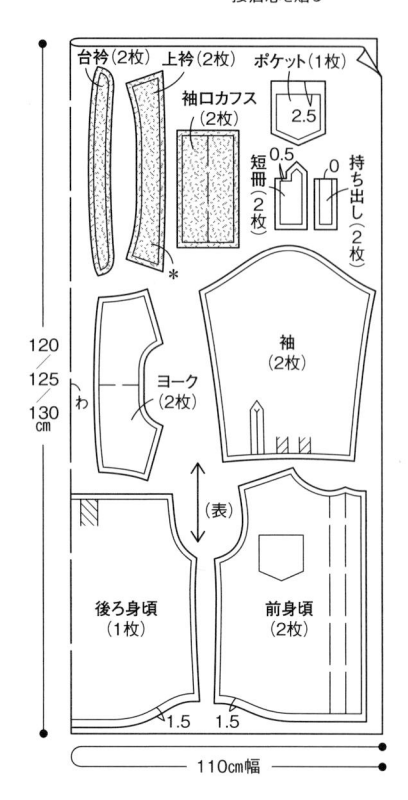

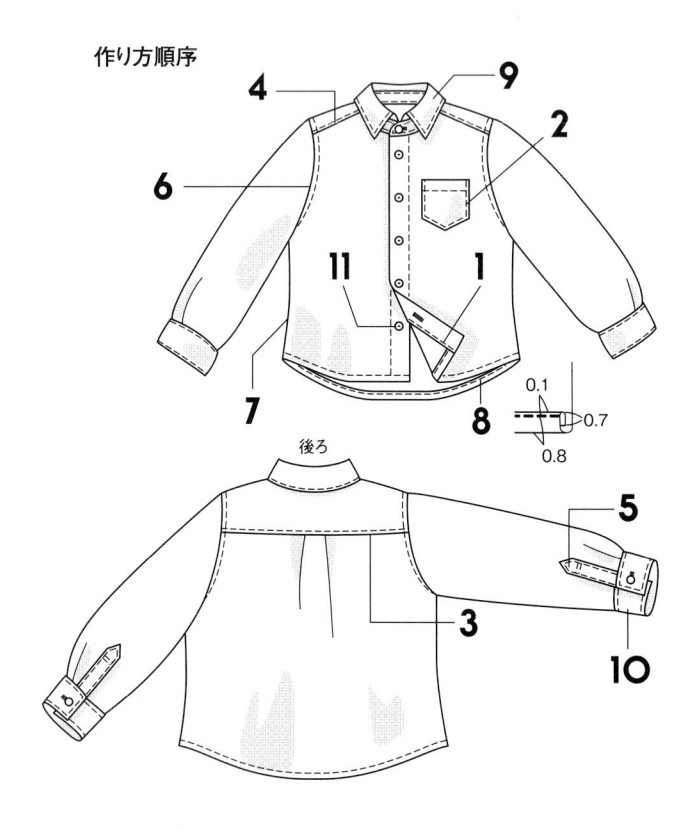

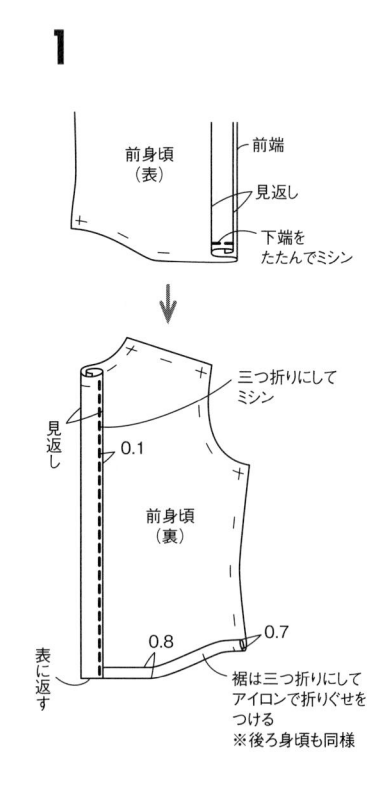

2

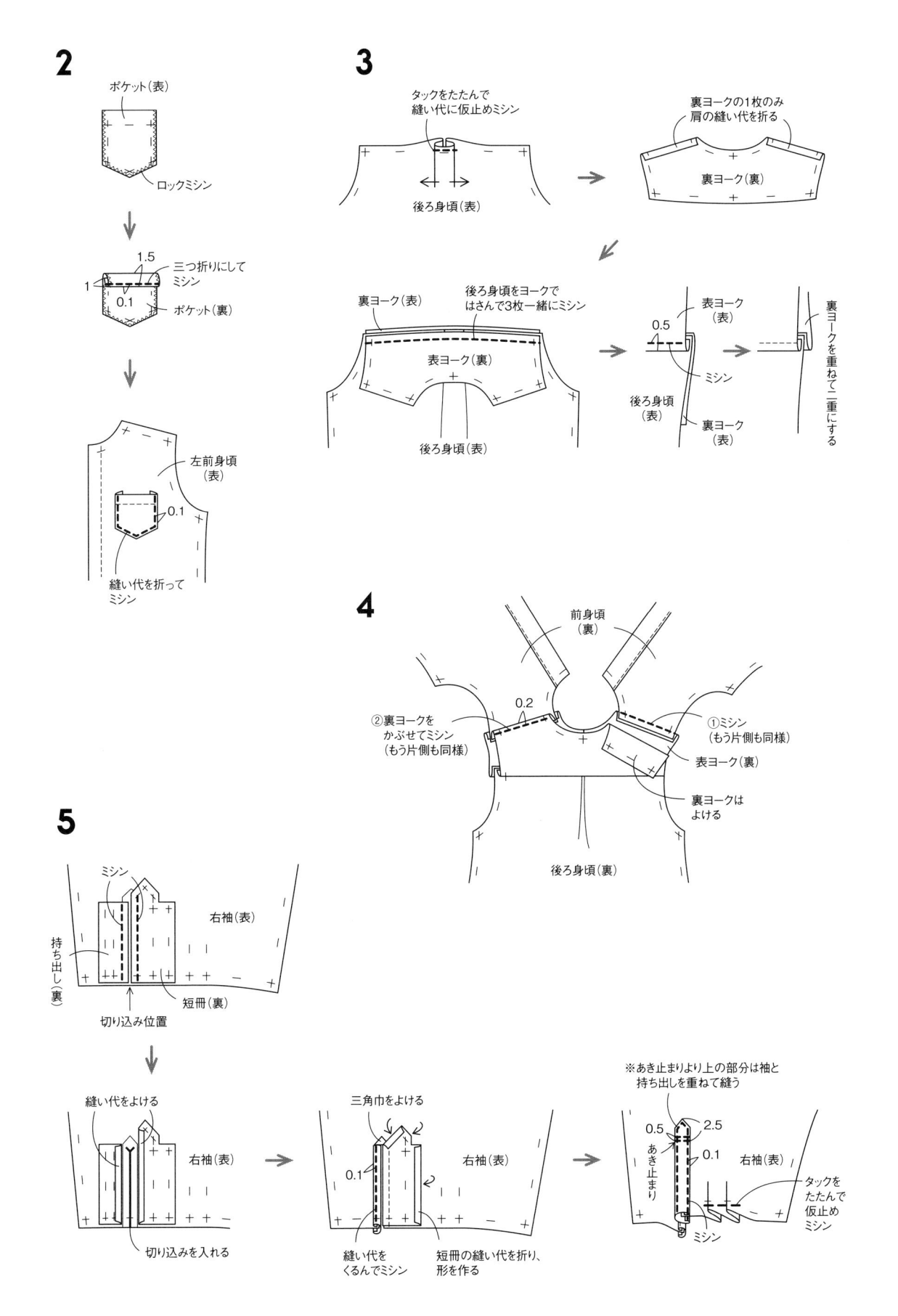

ポケット(表)
ロックミシン

三つ折りにしてミシン
1.5
1
0.1
ポケット(裏)

左前身頃(表)
0.1
縫い代を折ってミシン

3

タックをたたんで縫い代に仮止めミシン
後ろ身頃(表)

裏ヨークの1枚のみ肩の縫い代を折る
裏ヨーク(裏)

裏ヨーク(表)
後ろ身頃をヨークではさんで3枚一緒にミシン
表ヨーク(裏)
後ろ身頃(表)

0.5
表ヨーク(表)
ミシン
後ろ身頃(表)
裏ヨーク(表)

裏ヨークを重ねて二重にする

4

前身頃(裏)
0.2
②裏ヨークをかぶせてミシン(もう片側も同様)
①ミシン(もう片側も同様)
表ヨーク(裏)
裏ヨークはよける
後ろ身頃(裏)

5

ミシン
持ち出し(裏)
右袖(表)
短冊(裏)
切り込み位置

縫い代をよける
右袖(表)
切り込みを入れる

三角巾をよける
0.1
右袖(表)
縫い代をくるんでミシン
短冊の縫い代を折り、形を作る

※あき止まりより上の部分は袖と持ち出しを重ねて縫う
0.5 2.5
0.1
あき止まり
右袖(表)
タックをたたんで仮止めミシン
ミシン

6

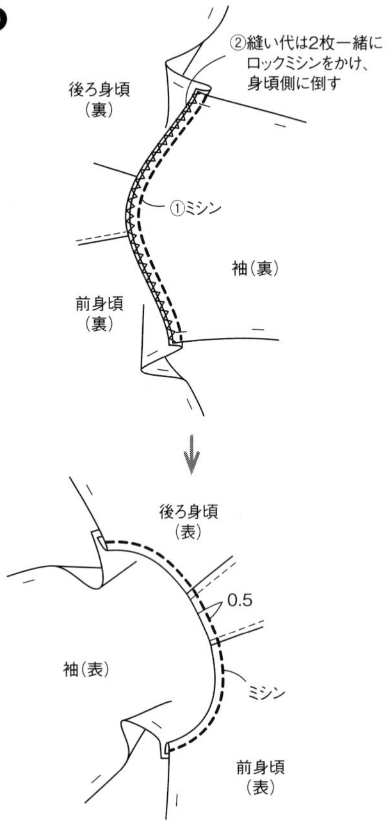

②縫い代は2枚一緒に
ロックミシンをかけ、
身頃側に倒す
後ろ身頃
(裏)
①ミシン
袖(裏)
前身頃
(裏)
後ろ身頃
(表)
0.5
袖(表)
ミシン
前身頃
(表)

7

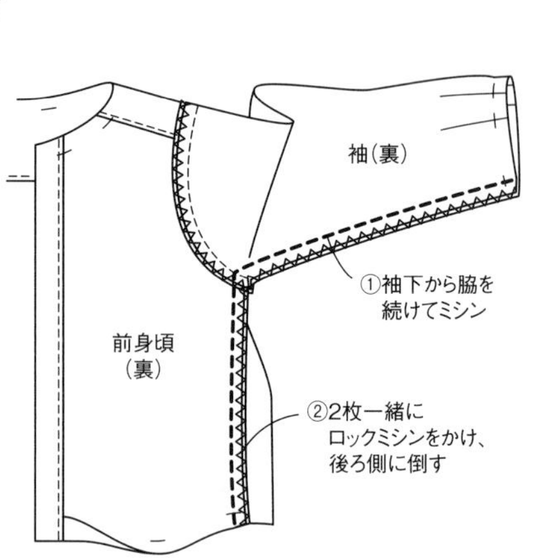

袖(裏)
①袖下から脇を
続けてミシン
前身頃
(裏)
②2枚一緒に
ロックミシンをかけ、
後ろ側に倒す

9

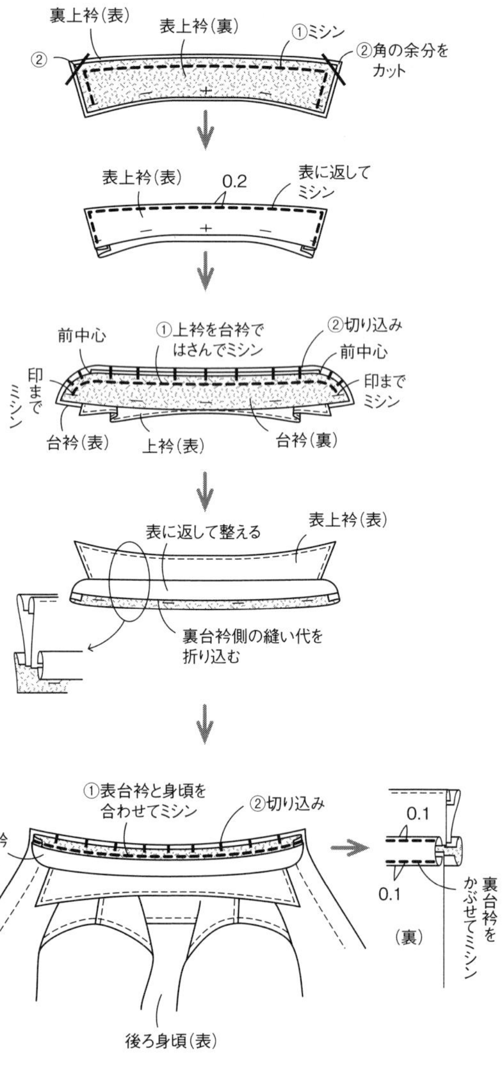

裏上衿(表)
表上衿(裏)
①ミシン
②
②角の余分を
カット
表上衿(表)
0.2
表に返して
ミシン
前中心
①上衿を台衿で
はさんでミシン
②切り込み
前中心
印まで
ミシン
印まで
ミシン
台衿(表)
上衿(表)
台衿(裏)
表に返して整える
表上衿(表)
裏台衿側の縫い代を
折り込む
①表台衿と身頃を
合わせてミシン
②切り込み
裏台衿
(表)
0.1
0.1
裏台衿を
かぶせてミシン
(裏)
後ろ身頃(表)

10

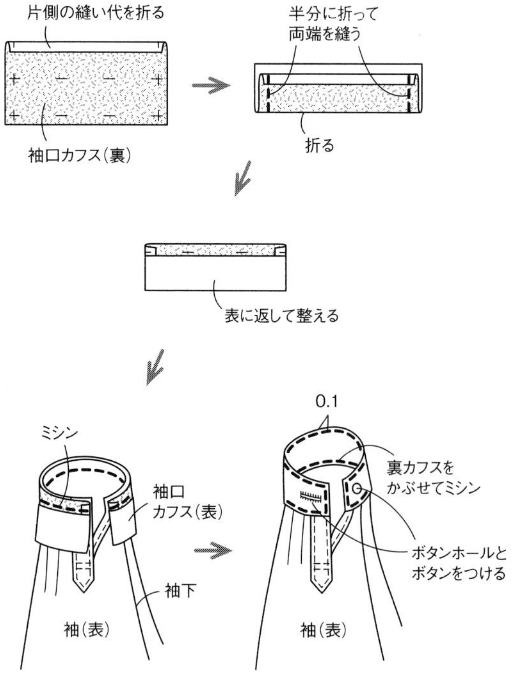

片側の縫い代を折る
袖口カフス(裏)
半分に折って
両端を縫う
折る
表に返して整える
ミシン
袖口
カフス(表)
袖下
袖(表)
0.1
裏カフスを
かぶせてミシン
ボタンホールと
ボタンをつける
袖(表)

うさぎのバッグ

形をうまく出すために、厚みのある生地を使います。

Photo …… p.44
実物大パターンB面

《でき上がり寸法》
縦16×横14cm×底 直径9cmの円

材料
- 表布（ビロード）…90cm幅 25cm
- 別布（綿ブロード）…90cm幅 25cm
- ゴールドのひも…太さ0.5cm 100cmを2本
- バッグ芯（バッグ用の芯材）…直径9cmの円を2枚
- ボタン（鼻）…直径1.8cm 1個
- 25番の刺しゅう糸…適宜

★バッグ芯が手に入らない場合は厚手の接着芯を二重に貼る。

作り方順序
1. 袋布と内袋の両脇を縫う。
2. 底を作る。
3. 袋布の底にギャザーを寄せ、2をつける。
4. 耳を作る。
5. 袋布と内袋を外表に合わせ、4をはさんで袋口を縫い、表に返す。
6. ひもを通し、鼻をつける。

裁ち合わせ図
※指定以外の縫い代は1cm

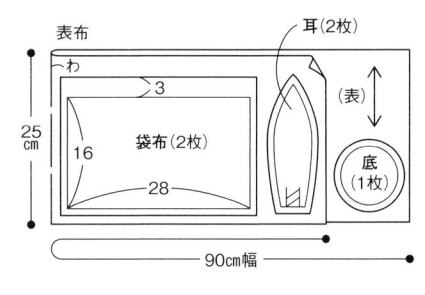

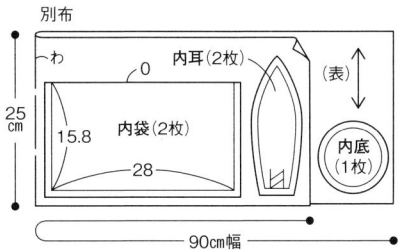

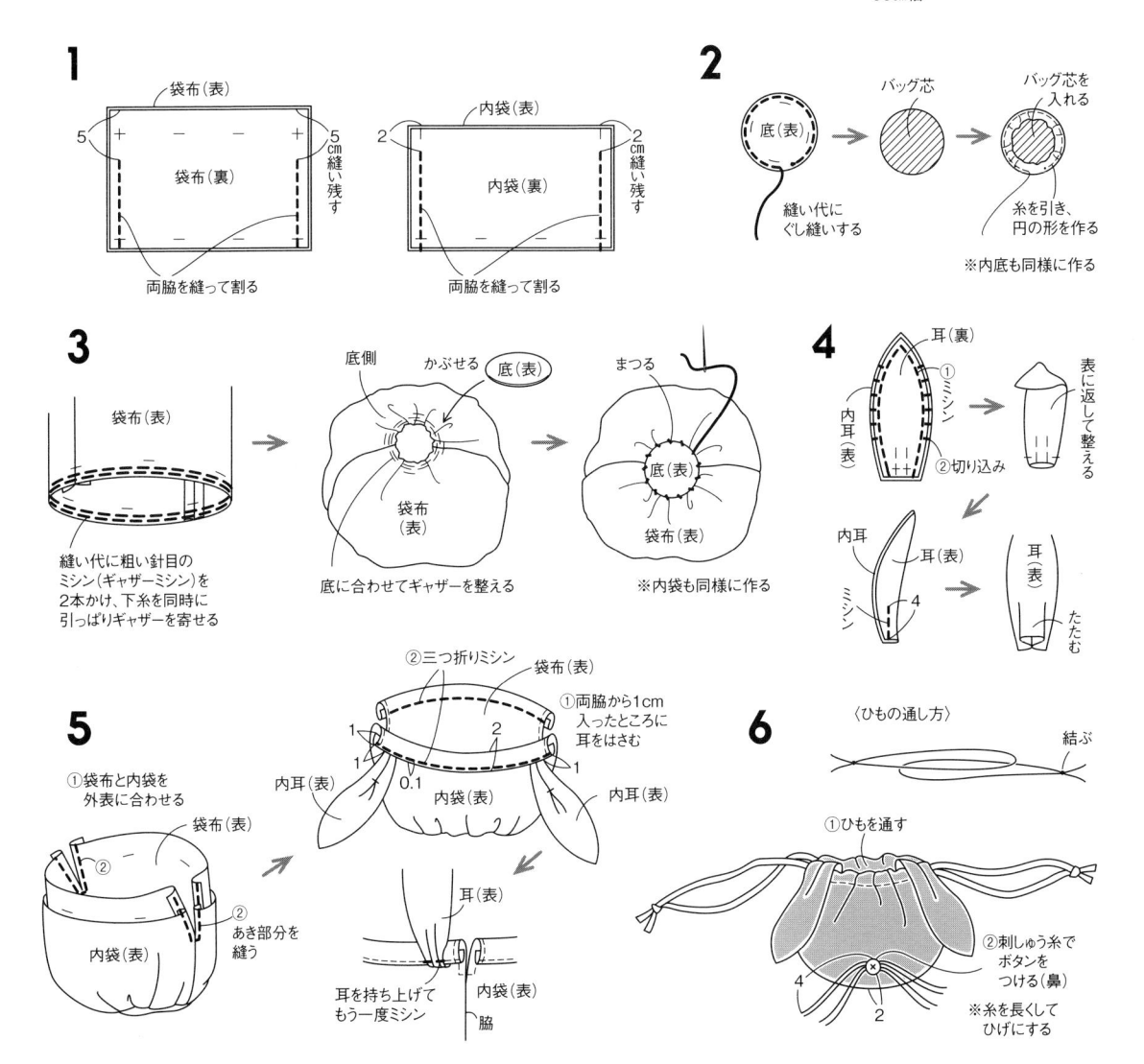

S ウールのマント

ひとえなのでわりと簡単に縫えます。
首にはフックなどにかけるためのループをつけました。

Photo …… p.42
実物大パターン B 面

★寸法の表示は左から100（110兼用）／120cmの順
《でき上がり寸法》
着丈…52／56cm

材料

接結のウール…150cm幅 85／90cm
ボタン…直径2.3cm 1個
スナップボタン…直径2cm 2組
メートライン（ニットタイプの縁どりテープ）…
　2cm幅 520／530cm
綿テープ…1cm幅 10cm
★メートラインは二つ折りにして1cmにします。

作り方順序

【下準備】肩の縫い代にロックミシンをかける。

1. 後ろ中心の縫い代をメートラインではさんで縁どり始末する。
2. 前身頃のダーツを縫う。
3. ポケットを作る。
4. 肩を縫い、縫い代を割る。
5. 前端から裾をメートラインではさんで縁どり始末する。
6. 後ろ中心を縫い止まりまで縫い、縫い代を割ってスリットあきを作る。
7. 衿のまわりをメートラインではさんで縁どり始末する。
8. 身頃に衿をつける。
9. 飾りボタンとスナップボタンをつける。

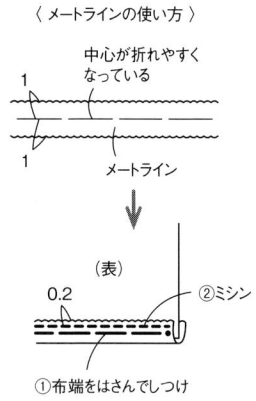

裁ち合わせ図　※指定以外の縫い代は1cm

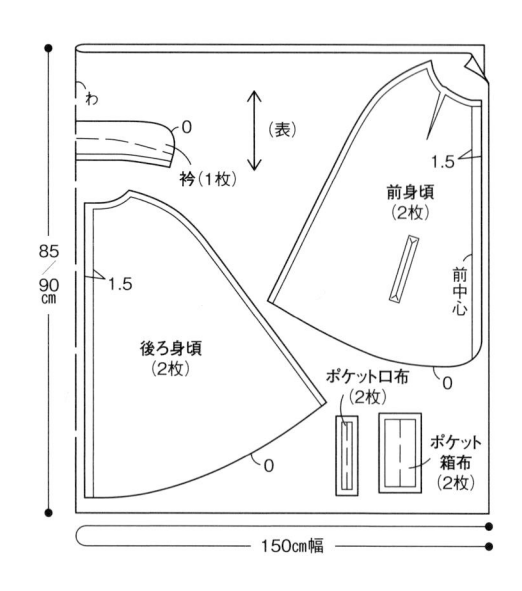

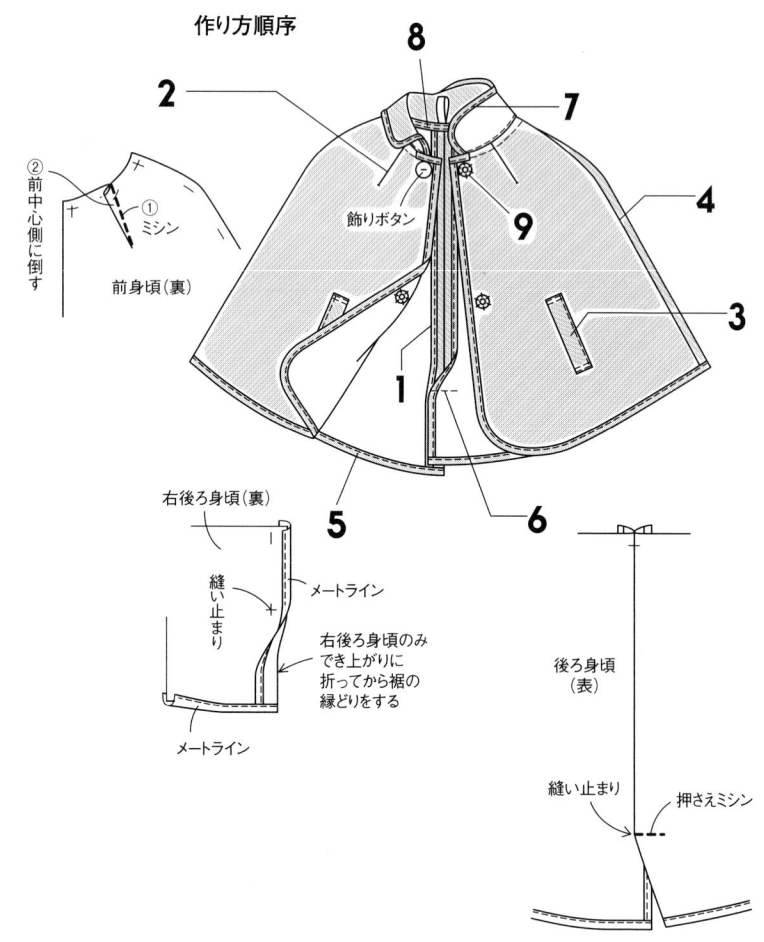

3

前身頃(表)
切り込み
口布つけ位置
箱布つけ位置

ポケット箱布(表)
ポケット口布(表)
片側にロックミシン

〈 ポケット口布のつけ方 〉

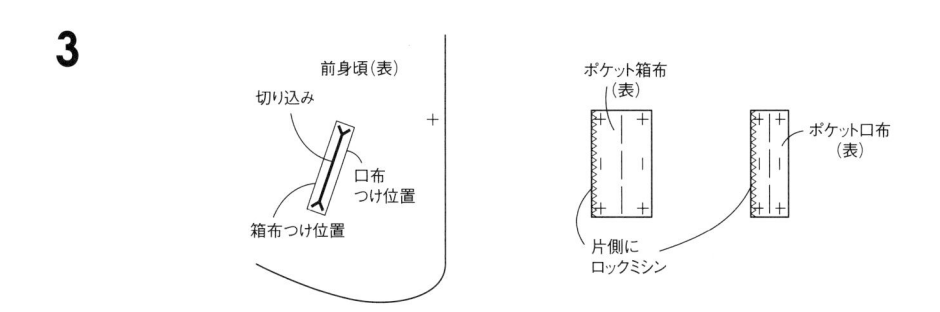

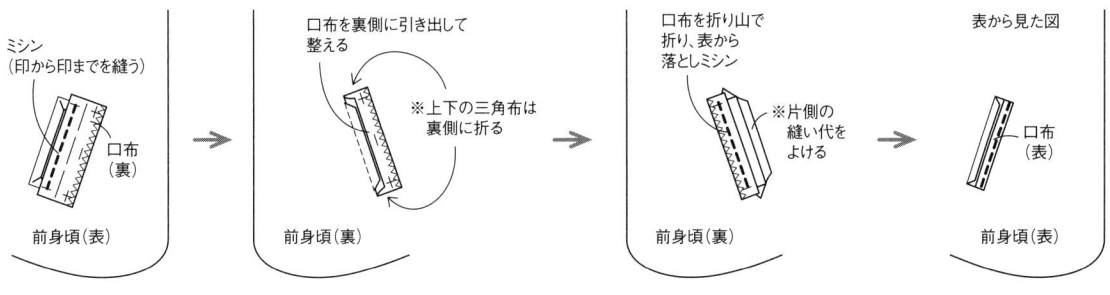

ミシン(印から印まで縫う)
口布(裏)
前身頃(表)

口布を裏側に引き出して整える
※上下の三角布は裏側に折る
前身頃(裏)

口布を折り山で折り、表から落としミシン
※片側の縫い代をよける
前身頃(裏)

表から見た図
口布(表)
前身頃(表)

〈 ポケット箱布のつけ方 〉

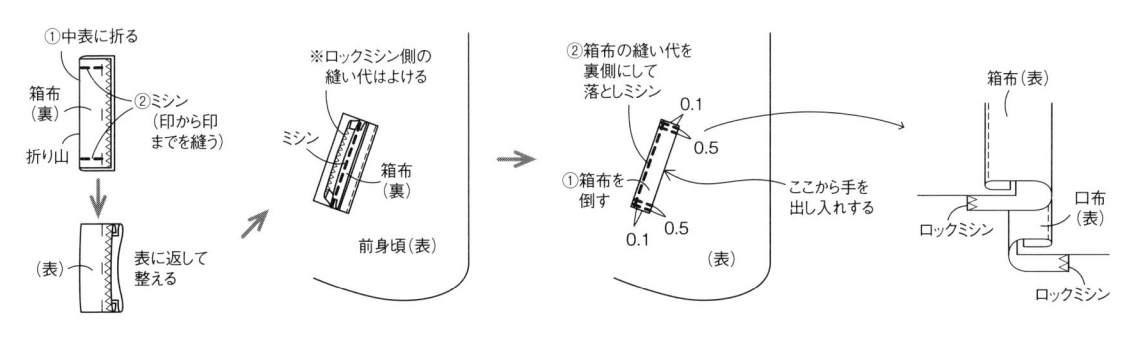

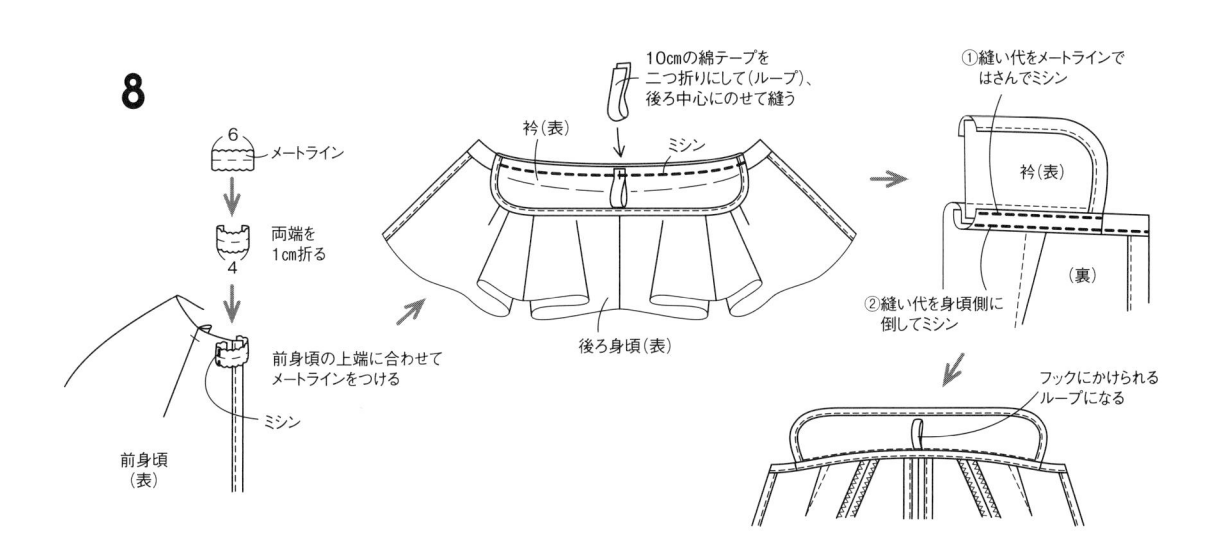

①中表に折る
箱布(裏)
②ミシン(印から印まで縫う)
折り山

(表)
表に返して整える

※ロックミシン側の縫い代はよける
ミシン
箱布(裏)
前身頃(表)

②箱布の縫い代を裏側にして落としミシン
0.1
0.5
①箱布を倒す
0.1
0.5
ここから手を出し入れする
(表)

箱布(表)
口布(表)
ロックミシン
ロックミシン

8

6 メートライン
両端を1cm折る
4

前身頃の上端に合わせてメートラインをつける
ミシン
前身頃(表)

10cmの綿テープを二つ折りにして(ループ)、後ろ中心にのせて縫う
衿(表)
ミシン
後ろ身頃(表)

①縫い代をメートラインではさんでミシン
衿(表)
(裏)

②縫い代を身頃側に倒してミシン

フックにかけられるループになる

77

U 発表会のドレス

ハリのある生地を使うと
p.46のようなシルエットに。

Photo …… p.45
実物大パターンB面

★寸法の表示は左から100／110／120cmの順
《でき上がり寸法》
着丈…72.6／79.7／86.8cm
バスト…60／64／68cm
ウエスト…58／62／66cm

材料
●ピンクのドレス
コットンボイル…110cm幅195／200／210cm
サテンリボン…3.6cm幅135／140／145cm
ボタン（足つき）…直径1.2cm 3個
●水色のドレス
シルクタフタ…110cm幅195／200／205cm
ベルベットリボン…3cm幅135／140／145cm
ボタン（足つき）…直径1.2cm 3個

作り方順序
1. 両肩を縫い、縫い代を割る。2組作る。
2. 2枚の身頃を中表に合わせて袖ぐり、衿ぐりから後ろ端を続けて縫う。
3. 両脇を縫い、後ろ中心を合わせる。
4. スカートにギャザーミシンをかける。
5. スカートの両脇を縫い、縫い代は2枚一緒にロックミシンをかけて後ろ側に倒す。
6. ウエストにギャザーを寄せ、身頃と縫い合わせる。
7. 裾の始末をする。
8. ボタンホールを作り、ボタンをつける。
9. 両脇に糸ループを作り、リボンを通す。

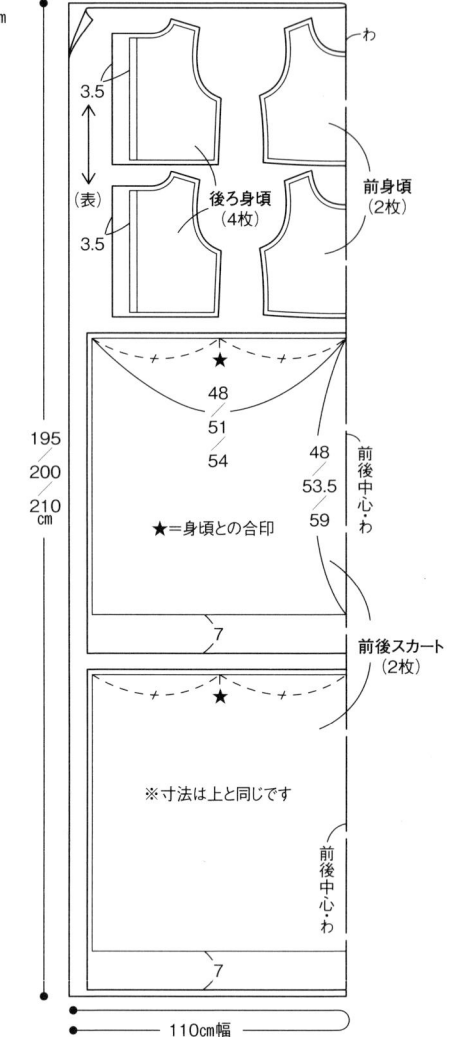

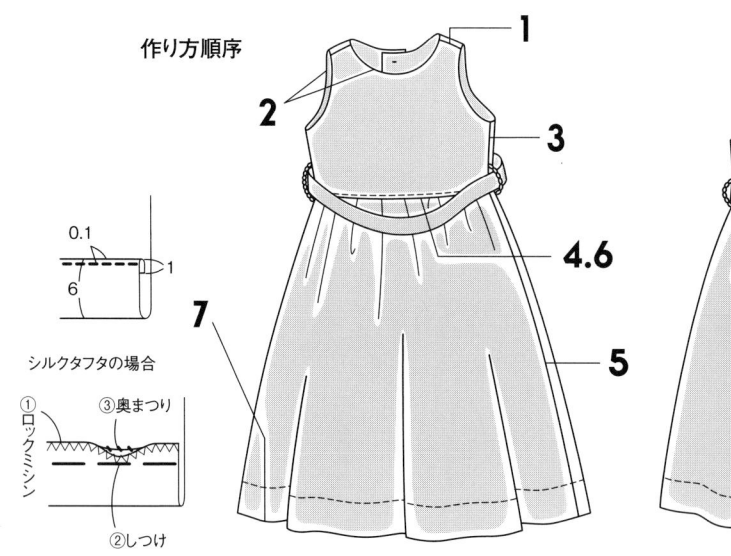

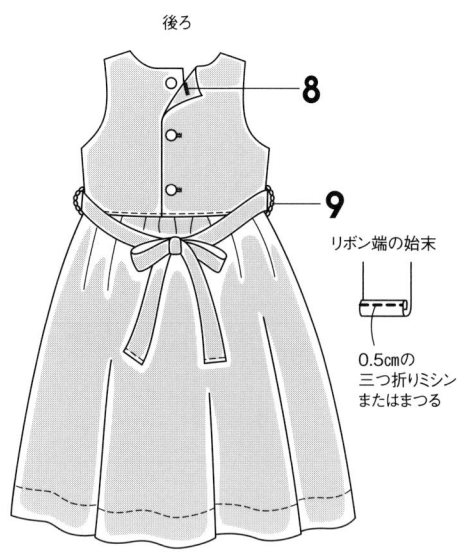

2

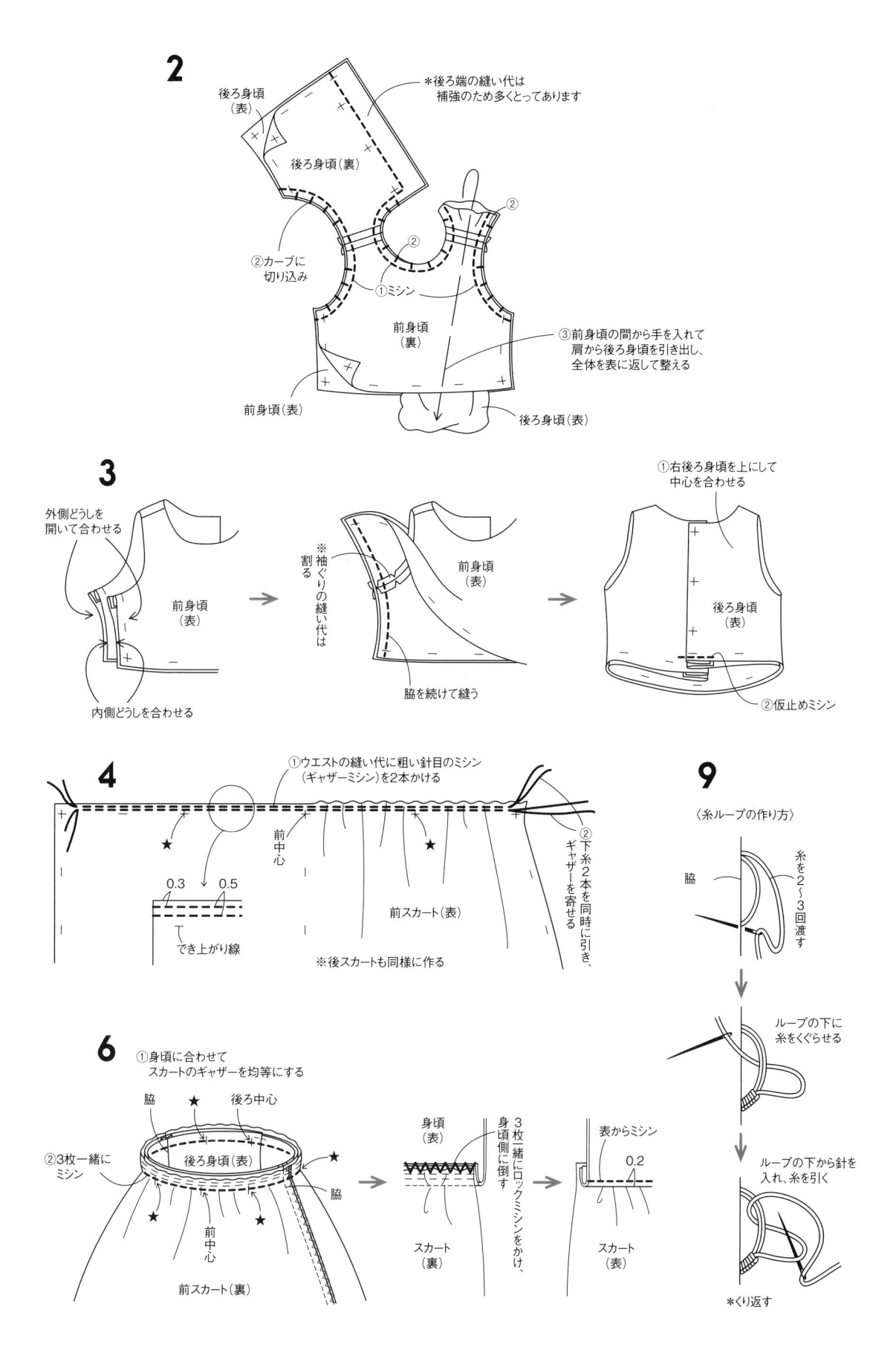

- 後ろ身頃（表）
- *後ろ端の縫い代は補強のため多くとってあります
- 後ろ身頃（裏）
- ②カーブに切り込み
- ①ミシン
- 前身頃（裏）
- ③前身頃の間から手を入れて肩から後ろ身頃を引き出し、全体を表に返して整える
- 前身頃（表）
- 後ろ身頃（表）

3

- 外側どうしを開いて合わせる
- 前身頃（表）
- 内側どうしを合わせる
- ※袖ぐりの縫い代は割る
- 前身頃（表）
- 脇を続けて縫う
- ①右後ろ身頃を上にして中心を合わせる
- 後ろ身頃（表）
- ②仮止めミシン

4

- ①ウエストの縫い代に粗い針目のミシン（ギャザーミシン）を2本かける
- 前中心
- 0.3　0.5
- でき上がり線
- 前スカート（表）
- ②下糸2本を同時に引き、ギャザーを寄せる
- ※後スカートも同様に作る

6

- ①身頃に合わせてスカートのギャザーを均等にする
- 脇　後ろ中心
- ②3枚一緒にミシン
- 後ろ身頃（表）
- 脇
- 前スカート（裏）
- 前中心
- 身頃（表）
- 3枚一緒にロックミシンをかけ、身頃側に倒す
- スカート（裏）
- 表からミシン
- 0.2
- スカート（表）

9

〈糸ループの作り方〉

- 脇
- 糸を2〜3回渡す
- ループの下に糸をくぐらせる
- ループの下から針を入れ、糸を引く
- *くり返す

79

Lisette《リゼッタ》

手仕事を愛し、長く大切にしてもらえる洋服を提案する婦人服の店。
子ども服は取り扱いはありません、念のため。
この本は、Lisetteが子ども服を作るなら、おしゃれな女の子の毎日に寄り添う
遊び心に満ちた服を提案したいと考えたものです。
ショップは東京の二子玉川と自由が丘、鎌倉、大阪の淀屋橋に。
『Lisette リネンの服作り』などの著書があります。
http://www.lisette.jp

デザイン／スタイリング	平真実
撮影	三木真奈
ＡＤ／ブックデザイン	わたなべひろこ
モデル	湯浅マリー（シュガー＆スパイス）
ヘアメイク	唐澤由記、榎本ゆきの
パターン／グレーディング	崇島友里
小物パターン／制作	平真実
作り方解説	網田ようこ
パターントレース	ローズ　ナカムラ
デジタルトレース	しかのるーむ

少女のためにつくる服

2014年4月25日　初版第1刷発行

著　者…Lisette［リゼッタ］
発行者…熊沢敏之
発行所…株式会社筑摩書房
　　　　〒111-8755　東京都台東区蔵前2-5-3
　　　　振替 00160-8-4123
印　刷…凸版印刷株式会社
製　本…凸版印刷株式会社

乱丁・落丁本の場合は、下記にご送付下さい。
ご注文・お問い合わせも下記にお願いいたします。
〒331-8507　さいたま市北区櫛引町2-604
筑摩書房サービスセンター
TEL 048-651-0053

©Lisette 2014　Printed in Japan
ISBN978-4-480-87873-1 C0077
本書をコピー、スキャニング等の方法により無許諾で複製することは、法令に規定された場合を除いて禁止されています。
請負業者等の第三者によるデジタル化は一切認められていませんので、ご注意ください。